中高の教科書でわかる経済学

ミクロ篇

菅原 晃

河出書房新社

はじめに…9

中高教科書は用語のみで、経済学を学ぶわけではない…15

中高の公民科教員は、全員が経済学部の卒業生というわけではない…17

第1章
経済と経済学…21

「人生とは何か」を経済面からとらえる学問…21

経済学の全体像…24

① ミクロ経済学…25

② マクロ経済学…28

③ ゲーム理論…29

④ 行動経済学…31

第2章
経済学の基本原理…33

希少性…33

マンキューの「経済学の10大原理」…35

(1) **人々は、トレード・オフ（相反する関係）に直面している**…37

①制約線・フロンティア…37

■消費者側の予算線…40

■生産者側の最大生産量を示す、生産可能性フロンティア…43

●生産者が1人の場合…44

●企業や国の場合…46

②効率性と公平性のトレード・オフ…49

■経済に公平性が必要な理由…58

(2) **あるものの費用はそれを得るために放棄したものの価値である（機会費用）**…60

(3) **合理的な人々は、限界原理をもとに考える**…63

■繁忙期と限界収入生産…65

■米メジャーリーグ選手の年俸が高いわけ…66

■限界費用がタダ同然…66

(4) **人々は様々なインセンティブ（誘因）に反応する**…66

①損したくないというインセンティブ…68

■駐車違反の切符…68

■飲酒運転の罰則強化…69

■主婦のパートタイム労働…70

②得したいというインセンティブ…70

■ふるさと納税…70

③差別もインセンティブ？…71

■黒人差別?…72

■障がい者差別?…73

⑤ 交易（取引）はすべての人々をより豊かにする…74

①交易の始まり…74

②交易は分業を可能にする…77

⑥ 通常、市場は経済活動を組織する良策である…78

①市場は投票行動…79

⑦ 一国の生活水準は財・サービスの生産能力に依存している…83

①生産性とは…83

■ビッグマック指数と最低賃金…87

■デフレの問題…89

②生産性と所得…90

③機会費用と生産性…92

⑧ 比較優位…94

①完全特化の場合…96

②部分特化の場合…101

③単位当たり労働力で比較する場合…103

④リカードのオリジナルの例…106

第3章
市場のしくみ…112

① 需給曲線とは何か…115

①需要曲線の導出…119

②供給曲線の導出…121

■ 限界費用…123

■ 限界収入…125

■ 利潤の最大化…125

③需給曲線の合計…128

④主観と客観の需給曲線―限界革命―…130

■ 限界革命…131

■ 需給曲線（マーシャリアン・カーブ）…133

● 限界効用説が成立する場合…133

● 労働価値説が成立する場合…134

⑤需給曲線の均衡点では最も効率的に資源が配分される…135

② 需給曲線を使った分析…138

①価格の自動調節作用…138

②需給曲線上の動きと需給曲線のシフトの違い…143

■ 需要曲線のシフト…147

■ 供給曲線のシフト…149

■ 需給曲線のシフト→価格と量の変化…151

③価格弾力性…153

■ 価格弾力性を利用した課税…155

■ 価格弾力性を利用した差別価格…158

■ 供給の価格弾力性…160

④自由貿易の恩恵――余剰の分析…164

- ■ 関税をかけた場合の余剰…168
- ■ 補助金を払った場合の余剰…170
- ■ 補助金だらけの農産物市場…172

(3) 独占市場…180

①売り手独占の場合…185

②買い手独占の場合（政府による買い手独占のしくみ）…193

- ■ 小麦の購入独占…193
- ■ バター独占…195
- ■ 血液製剤——政府による需給調整…199
- ■ 知的財産権——政府が独占を認めるケース…200

③独占の解体…202

(4) 不完全競争市場…204

①独占的競争市場…206

- ■ 差別化のための戦略①：広告…211
- ■ 差別化のための戦略②：ブランド化…213

②寡占市場…215

第4章
ゲーム理論…222

(1) 囚人のジレンマ…223

①「共有地の悲劇」問題…227

②中国のPM2.5問題…230

③地球温暖化…231

④軍拡競争…233

⑤寡占市場をゲーム理論で読み解く…236

コーディネーション・ゲーム…240

　①カップルのデート…240
　②エスカレーターの立ち位置…241
　③行列を作る…242
　④デファクト・スタンダード…245
　⑤日本型雇用システム…249
　　■終身雇用…252
　　■年功序列賃金…253
　　■内部昇進…253
　　■株式持ち合い…254
　　■メインバンク制…254
　　■企業別労働組合…255
　⑥グローバル化による日本型雇用の変化…256
　　■終身雇用・年功序列・内部昇進の変化…258
　　■株式持ち合い・メインバンク制の変化…259
　　■企業別労働組合の変化…260
　⑦社会のいろいろなところにあるナッシュ均衡…261
　⑧ナッシュ均衡から抜け出す方法…265

第5章
市場の失敗と
政府介入の必要性…269

 市場メカニズムが機能しない場合…271

　①寡占・独占の弊害とリニエンシー制度…271
　②情報の非対称性…275

■政府による解決…279
■民間による解決…282
　●シグナリング…283
　●スクリーニング…283
　●モラル・ハザード…284
③情報の非対称性は、取引の本質…286

② 市場メカニズムは機能している場合…288

①外部経済…289
②外部不経済…289
■公害や環境破壊への対応…290
■交通渋滞への対応…293

③ 市場が存在しない場合――公共財の供給…294

④ 政府の失敗…300

経済思想と歴史的事象の年表…304

はじめに

　この本は、中学校「公民科」、高校の「現代社会・政治経済」の教科書・資料集に登場する経済用語を用いて、ミクロ経済学の理論を理解し、そこから世の中の経済現象を理解してもらうための一冊です。経済学という手段を使って、現実を理解するための本、といってもよいでしょう。

　世の中にある経済関連の本は、大別すると（1）TPPとは何か、金融政策・財政政策とは何か、というような「経済現象を解説する本」と、ミクロ・マクロなどの経済学が簡単に学べる（2）「経済学を学ぶ人のための入門書」とに分かれています。

　しかし、（1）だけでは、たとえばアベノミクスの金融政策とは「何か」がわかっても、アベノミクスの金融政策を「なぜ採用するのか」がわかりません。時事用語がわかり、表面的な知識は得られるものの、「なぜ」それが生じるのかわからず、体系的な知識は得られません。

　一方、（2）は、大学で経済学を勉強しよう、あるいは公務員試験などのために経済学を学ぶ必要があるという人向けの本で、一般の人が手にする内容のものではありません。「マクロ経済学」「ミクロ経済学」の棚にある本、つまり大学の教科書レベルになれば、「パレート最適」、「厚生経済学の定理」といった聞き慣れない用語や難しい数式が並び、ここまでくると「経済現象がなぜ生じるか」を知りたいだけの人にとっては、ハードルが高すぎます。

　これを理解するには相当な勉強時間が必要で、忙しいビジネスマンにはそんな暇はありません。

そこで、この本では「経済現象」と「経済理論」を結び付け、「なぜそうなるか」を最小限の時間でわかるように解説します。使用するのは、中学・高校で使われている教科書・資料集に登場する経済用語です。

　中高の教科書は、大学で経済学を教える経済学者が書いたものです。それらの記述には、経済学の基礎・基本部分の用語が使われています。つまり、中高の教科書をしっかり理解すれば、世の中の経済現象は誤解をすることなく、正確にわかるはずです。

　ところが、実際にはそうなっていません。たとえば、「貿易黒字は得、赤字は損」という世の中によくあるトンデモ論がいまだに見られます。

「上期の経常黒字10.3兆円」産経新聞　2016年11月10日

　財務省が９日発表した平成28年度上期の国際収支速報によると、海外との経済取引に伴う稼ぎを示す経常収支の黒字額は前年同期比20.5％増の10兆3554億円だった。…ただ…今後円高が進む可能性があり、黒字は縮小に転じる恐れがある。…貿易収支は２兆9955億円の黒字で、前年同期から大幅に改善した。サービス収支は8816億円の赤字…。…知的財産権等使用料の受取額が円高で減ったのが響いた。…世界経済の先行き不安が広がる中で…所得収支が悪化する可能性がある。…経常黒字の下押し圧力が強まっている。

「原油安　揺れる世界」日本経済新聞　2015年10月４日

　資源小国の日本にとって原油安は福音だ。東日本大震災以降は化石燃料に発電の大半を頼るようになり、燃料コストの急増は貿易赤字で日本の富を流出させた。

　貿易黒字・経常黒字は「黒字」だから「得・儲け」、貿易赤字は「赤字」だから「日本の富が流出する」といった誤解がいまだに蔓延しています。教科書では、貿易黒字・赤字について次のように書かれています。

はじめに　11

東京書籍『新しい社会　公民』p145

　人々の生活を向上させるためには、輸出を拡大するとともに、輸入も増やしていくことが必要です。輸出を増やしても、輸入を最低限に切りつめるべきだと考えるのは、収入は増やしても、食料品、衣服、電気製品などへの支出はおさえた方が生活は豊かになると考えるのと同じです。

　貿易をめぐる国家間の争いは絶えません。一つの理由は、輸入が輸出を大幅にうわ回って貿易の赤字が拡大すると国が貧しくなると考えられたことです。確かに家計の場合であれば、支出が収入を上回るとその差額は家計に赤字となり、その差額は借金でうめなければならないので、大幅な赤字は好ましいことではありません。しかし、貿易の場合には、赤字は企業や家計の借金になるわけではなく（中略）国が貧しくなるというわけではありません。

清水書院『高等学校　新政治・経済　最新版』p133

　国際収支では単に「赤字か黒字か」で論じるのではなく、資産の移動について考えるべきだろう。

とうほう『テーマ別資料 政治・経済2015』p173

　国際収支表における「黒字」「赤字」は、企業収支のように損益を示すのではない。貿易黒字は、国内で消費されなかった財やサービスを外国が買ったということ。「貿易黒字が増えたから、経済成長する」、あるいは、「経済成長したから貿易黒字が増える」、という関係はない。

　このように、教科書では貿易黒字・赤字について、正確に記述されているにもかかわらず、一般の人には理解されていないままです。これが

なぜなのかは後で詳しく説明します。

　また、一般の人が「経済」を語るとき、「自分は給料をもらい、コンビニで買い物をしカネを使っているのだから、経済を理解している」と、自分の日常感覚（ミクロの世界）で世界経済（マクロの世界）を語ってしまうことがあります。ところが、ミクロの感覚をマクロに適用させると、トンデモ論になるのです。1人1人の最適行動を全部足し合わせると、かえってマクロ的には悪い状況になる例がたくさんあるのです。これを**合成の誤謬**と言います。

> **とうほう『政治・経済資料2015』p206**
> 合成の誤謬　個人が合理的な行動をとっても、大勢が同じ行動を取
> ることによって、全体（マクロ）として悪い事態になること

「なんだか、世の中景気が悪そうだ。それなら、将来に備えて、お金を今使わないで、貯蓄をしておいた方がいいな」というのは、1人1人、1社1社の企業にとっては、合理的・最適な選択です。しかし、世の中すべての人が「消費より貯蓄」を選択すると、不況になってしまいます（節約のパラドックス）。不況の自己実現です。

　経済が成長して、自転車からバイク、自動車へと通勤手段を変えていくのは合理的・最適な選択です。豊かさを実感でき、精神的にも気持ちの良いものです。しかし、世の中すべての人が自動車通勤を選択すると、都市部に渋滞が発生し、かえって時間という資源を損してしまいます（国交省によると、日本の場合、道路渋滞で失う損失時間は、1年間に50億時間だそうです。これは280万人分の労働時間に相当し、お金に換算すると11兆円分にものぼります）。イライラも募り、仕事のミスが増えるかもしれません。

　またそれぞれの企業が、自社の生き残りのためにリストラを進めれば、社会全体では失業者が増え景気が悪くなります。

はじめに　13

　このような例は、環境市場や資源市場、軍拡市場にも見られます。部分（ミクロ）最適は、全体（マクロ）最適にはならないのです。

　一般の人にありがちな誤解としては、他にもこんな例があります。

　①TPPに参加すれば景気が良くなる
　②安倍政権が目標に掲げるGDP600兆円の目標を達成するには、財政
　　出動と金融緩和が不可欠だ

　これらも、標準的な経済学の理論からは導かれない話です。

　①についていうと、貿易のメリットというのは「すべてを自給自足するよりも、おたがいに労働力や時間資源を有効に活用する方がよい」ということであって、「景気が良くなる」ということではありません。

　②については、GDPは総供給、財政政策と金融政策は総需要、つまり需要と供給の話ですから、「需要を伸ばせば供給が伸びる」など、もともとあり得ません。ケインズ経済学の「有効需要管理政策」に基づく財政出動と金融緩和は、「需要をコントロールして不況を克服する」ための処方箋であり、経済成長の理論ではないのです。

　豊かになるというのは、言いかえれば1人当たりGDPが伸びるということです。しかし、経済学では、GDP（総供給）を増やす方法は、いまだに見つかっていないのです。

クルーグマン『経済政策を売り歩く人々』ちくま学芸文庫（2009）
　経済学者は、どうすればハイパーインフレーションを避けられるかといった助言は確実にできるし、不況の回避方法も、たいていの場合教えることはできる。しかし、貧しい国をいかに豊かな国にするかということや、経済成長を再現させるにはどうしたらよいかといった問題に関する解決策はいまだにない。

井堀利宏「大学4年間の経済学が10時間でざっと学べる」KADOKAWA (2015) p204

　拡張的な財政金融政策によっては、長期的にはGDPを増加させることは不可能になります。総需要を刺激する財政金融政策は短期的な効果はあっても長期的な効果はないのです。

　世界中の経済学の教科書を調べても、「GDPを増やす方法」という項目はありません。「財政政策と金融政策で総需要を拡大させれば、総供給が増える」のなら、日本の場合、毎年の政府支出を50兆円ずつ増やしていけば、年10％の経済成長が、自動的に達成できてしまいます。こんなことが可能なら、発展途上国など、あっという間にこの世からなくなっているはずですが、現実にはそれはあり得ません。これは「供給制約」を理解していないことから出てくる誤解です。

　供給は労働力、資本力、生産性の増加によって増えます。政府支出を、赤字国債を発行して50兆円増やそうとも、日本の総労働者数がいきなり10％も増えることはありません。政府が公共事業で50兆円分の建物建設を増やしても、民間の建物建設が50兆円分できなくなるだけです。これを**クラウディング・アウト**と言います。高校の教科書にも出てくる基礎中の基礎の話です。

清水書院『高等学校　新政治・経済　最新版』p99

　クラウディング・アウト　国債の発行で…民間企業の投資が抑制される現象をいう。本来は「押し出す」という意味。

　GDPとは、各人、各企業の「もうけ」の総額です。つまりGDPが増える（経済成長する）ということは、もうけが増えるということです。「これをすれば必ずもっともうかるようになる」といった魔法のような経済理論などありえません。

はじめに　15

　中高の教科書に出てくる経済用語をきちんと理解すれば、上のような
誤解を生むこともない、と言いたいところですが、ここにも次のハード
ルがあります。

中高教科書は用語のみで、経済学を学ぶわけではない

　中高の教科書に登場する経済学用語の解説は、あくまでも用語の解説
であって、それを読んだからと言って、経済学や経済現象のメカニズム
がわかるようにはなっていないのです。

　たとえば、中学校で使われている最新の教科書では「希少性」「選択
（トレード・オフ）」「需要曲線・供給曲線の導出、それらが移動（シフ
ト）する場合」「リカード比較生産費説」「生産者と消費者の持つ情報に
は差がある（情報の非対称性）」「政府の必要性」「効率と公平」など、
ミクロ経済学でおなじみの用語や概念がふんだんに登場します。

　さらに高校になると、ミクロ経済学の「需給曲線」に関する分野では
「傾き（価格弾力性）」「外部経済の内部化」「独占の弊害」「関税の余剰
分析」「市場の失敗（および政府の失敗）」「限界○○」まで、取り扱っ
ています。加えて需給曲線では分析できない、寡占市場を理解するため
の「ゲーム理論」、「共有地（コモンズ）の悲劇」も登場しています。

　マクロ経済学の分野では、「総需要管理政策」「貨幣数量説」「マネタ
リズム」「サプライサイド経済学」はもちろん、「国際金融のトリレン
マ」「ISバランス」「非伝統的金融政策」まで登場します。これだけの
内容を、授業時間内に教えるのは到底無理です。それほど中高教科書の
内容は、高度化・難化しています。

　にもかかわらず、これらの経済用語を支えている経済学の理論そのも
のについては、教科書では説明されていません。教科書・資料集には、
難しい経済用語の最新版が次から次へと登場するだけで、肝心の「なぜ
そうなるかという経済学の理論」は、扱うスペースさえないのです。以

下は、実際に公民を教えている高校教員のアンケート調査に示された、現場の先生の教科書・授業に対する問題点の指摘です。

浅野忠克「高等学校『政治・経済』教科書の検定について」『経済教育33号』p152-153　経済教育学会

・教科書の説明がむずかしい、不十分。教科書の内容が詳しくない。内容・情報が少ない。

・教科書の記述が簡潔すぎて、生徒も教科書だけでは理解できない。

・教科書、資料集も詳しく知りたいところまで載っていない。経済学のやさしい解説書がない。

・データがそのまま載せてあり、具体的な解説が乏しく、用語が難解（財政、税制、金融）。

・教科書や資料集が学問的すぎたり平易すぎたりと、生徒に教えるための現状にあっていない。

新井明「中高の経済教育は今」『経済セミナー』No.659号　日本評論社

　世の中には、経済の専門新聞が存在し、経済に関する啓蒙書が多く発行されている。…経済は大事なことはわかる。しかし、高校までの経済の学習は、よくわからなかったし、興味もわかなかった。…なぜこのような問題が起こっているか。（引用者注　現京都学園大学学長）篠原（2010）が的確に指摘している。要するに、すべてが過剰でありまた不足であることが原因である。…学習指導要領は、あらゆる経済の領域をカバーしようとして完璧を目指しすぎている。…入試問題は細かな事項の暗記を要求するような問題が多すぎる。

　大学側は、高校の教科書をもとに大学入試問題を作成します。受験生の点数に差をつけるために、細かな用語を答えさせる試験になります。これに対応して高校の教科書にはどんどん用語が増えていきます。他社

が細かな用語を載せるなら、自社も細かな用語を載せないと、学校で採用されません。結果、用語が多くなりすぎて「社会科は暗記科目」になってしまいます。教える教員も、「用語」を説明するだけで精一杯です。これが、経済学でいう**ナッシュ均衡**（p227）です。高校用の公民科の教科書に、経済学的問題が凝縮されているといえます。こうして生徒たちは理解を深められないまま、社会に出てしまうのです。

中高の公民科教員は、全員が経済学部の卒業生というわけではない

> 「経済教育　まず先生に」日本経済新聞　2016年3月21日
> 　文部科学省も、これまでの学校教育で経済教育が手薄になってきたことについては問題意識を持っているようだ。…「…生きた社会との関係が十分に意識されていなかった」と分析。「今後は先生たちが生きた社会と教科の中身をうまくつなげていく工夫が必要」とみる。早稲田大学の山岡道男教授らが2014年、全国の…公民科教員に実施したアンケート…経済学を専攻したのは22.1%どまり。「国民所得」「国民経済」などのテーマで「教えにくい」と回答した教員は6割近く…。

　教科書に出てくる用語は、経済学を学んだ人にはおなじみの基礎用語ですが、経済学を学んでいない人には「専門用語」に過ぎず、それらを立体的・全体的に把握することができません。たとえば、中学の教科書で出てくる「**希少性**」や「**選択（トレード・オフ）**」は、需要曲線の導出から国際貿易までを説明する最重要理論ですが、実際の中学校の先生は、経済学の全体像を把握していないので、希少性は希少性、選択は選択の説明で終わってしまいます。本当に必要なのは全体の立体構造で、部分の現象ではないのです。

　しかし、義務教育担当の先生のほとんどが大学時代は教育学専攻者で、

経済学は選択科目で学ぶ程度にしか触れていません。だから、このような事態になってしまうのです。

人間の持ち時間は限られています。学生時代に教育学を専攻すれば、法学を学ぶのはあきらめざるを得ません。法学を専攻すれば、医学を学ぶ時間はありません。「何かを選ぶ、何かに習熟する、専門に勉強する」ということは、同時に「何かを捨てる」ことなのです。人生はトレード・オフの連続です。これも、経済学そのものです。

高校の先生も同じです。「地歴・公民科」教員といっても、大学時代の専門は、世界史、日本史、地理学、社会学、法学、経済学、経営学、商学などばらばらで、それぞれの分野で専攻を極めれば、他の勉強をする時間がありません。

それを補うのが、各分野の専門家たちの手による解説書です。教育の現場では、「教える時間の10倍、教材研究しろ」とよく言われます。50分の授業に、500分の下調べをしろということです。その際に頼りにするのが、専門の先生が書いた解説書です。経済の始まりは、足りないものをお互いに補い合うこと（交換）なのです。

新井明「中高の経済教育は今」『経済セミナー』No.659号 p65　日本評論社

　教科書に載っている事項を、社会を見るために本当に役立てたい、暗記科目社会科を脱して…と願っている現場教員にとっては、こんなときこそ経済学の専門家が手を差し伸べてほしいと思っているはずなのだ。

この本は、上記の要請に応えるべく書きました。自分が現場の教員として最も欲しいと思う解説書を目指しました。

わたし自身が歴史や地理の、専門の先生の手による解説書にお世話になったように、この本が、経済を教える先生の役に立てば幸いです。今

はじめに　19

の学生が社会の中心になっている頃には、経済学に関するトンデモ論が消えていることを願っています。

　もちろん、一般の読者のみなさんにとっても、本書を読み込んでいただければ、経済現象が理解できる一生ぶれないモノサシを身に着けることができるものと、確信しています。長い道のりですが、どうぞお付き合い願います。

　ただ、本書のコンセプトは、経済学を学んでいない方にも「簡単にわかりやすく学んでもらえるように」するものなのですが、前述した通り「すべてが過剰でありまた不足が原因である」ので、教科書記述には大変難解な部分も登場します。教科書のミクロ分野では用語や概念が「過剰」であり、逆にマクロ分野では「スカスカ」です。

　たとえば、ミクロの「独占市場（p187）」では、「限界収入＜価格」という記述がありますが、これは本来大学で学ぶ内容であり、中学や高校では、難しすぎて授業で教えることすらできない（専門家でないと全く理解できない）概念です。教科書や資料集に掲載されているので、本書では取り上げて解説しますが、ここは一般の読者の方には「難しい」レベルの話になっています。この本は、中学・高校の先生の「虎の巻」を目指すものでもありますので、この点は、ご了承願います[1]。

　また本書のタイトルはわかりやすく『中高の教科書でわかる経済学』としていますが、もちろん「教科書だけでわかる」レベルの本ではありません。できる限りわかりやすく解説を試みましたが、実際、中高で習う教科書に出てくる用語をきちんと理解するのは、難しいのです。久しぶりに教科書を読み「こんなに難しいのか」と思うビジネスマンに、教科書での例を引用しながら、現象は新聞記事などで紹介しつつ、解説した本を目指しました。

1　この本で引用する中高の教科書と資料集について、図版やイラストがある場合には、それらの趣旨を改変することなく新たに描き起こすか、あるいはイラストがなくても理解できる場合には、削除したりしています。

第1章　経済と経済学

「人生とは何か」を経済面からとらえる学問

第一学習社『最新 政治・経済資料集　新版2015』

　経済学「Economics」。この語源はギリシャ語の「オイコノミコス」であり「共同体のあり方」という意味。私たちの生活をよりよくしようと考えるならば、経済的なものの見方・考え方を学ぶのは有意義なことである。

飯田泰之　夏休み先生のための経済教室から
『経済教育に経済学はいらない？』経済教育ネットワーク　ニューズレター第6巻2号（2011）より

　では、高校の経済教育で何を教えるのか。…ぜひ重視して頂きたいのが、経済学の思考法です。…本当に必要なのは、経済学の考え方、経済学っぽい思考法であり、…経済学思考法…その中身は何なのか。

　中学校・高校で公民科の授業を担当している先生は、その教科書や資料集の記述が、ここ数年、すさまじく変化していることに気づいていると思います。今の教科書や資料集には「希少性」「選択（トレード・オフ）」「機会費用（ここから導かれる比較優位）」「何かを得るには何かを手放さなければならない」「ノーフリーランチ」……こういった言葉が

登場しています。登場しない教科書を探す方が、難しいほどです。

実は、これらの言葉や概念こそ、経済学的思考、経済学的な考え方そのものなのです。高校の教科書や資料集にも登場する、現代の著名な経済学者が書いている教科書をのぞいてみましょう。

スティグリッツ『ミクロ経済学』東洋経済新報社（2006）
　五つの重要な考え方
　１．トレードオフ、２．インセンティブ（誘因）、３．交換、４．情報、５．分配

クルーグマン他『ミクロ経済学』東洋経済新報社（2007）
　４つの基本原理
　資源は希少、機会費用、限界での意思決定、インセンティブ

これらはいずれも、大学で使用されている教科書で最初に登場する言葉・概念です。大学の経済学で扱われている内容が、中学・高校段階で、すでに取り上げられているのです。

ここで大切なのは、上記の言葉は人生の本質そのものだということです。文学、哲学、物理学、生物学などと同様に、経済学もまた「人間とは何か、人生とは何か」という問いに挑みます。人生を経済学的な視点から見ると、「希少性」「選択（トレード・オフ）」「機会費用」という思考方法で説明できるのです。

あなたの人生は「時間」という希少性に縛られています。同時に「趣味の映画を観る」ことと「仕事をする」ことはできません。あなたの人生（時間）は１つだけですので、あなたはこれまでの人生で常に何かを選択してきたことになります。部活動をどうするか、進学をどうするか、就職をどうするか、結婚をどうするか、転職をどうするか、家を購入するかどうか……あれを選べばこれが選べない、その選択の結果が今のあ

第 1 章　経済と経済学　23

なたの人生なのです。これが、経済学的にみた「人間とは何か、人生とは何か」なのです。

　経済学は、「希少性」「選択（トレード・オフ）」「機会費用」を核として、次の段階に進みます。スケールを個人から社会全体へと大きくしていきながら、次のように議論が発展していきます。

① 「希少な資源を一番効率よく配分する方法は何か、それは需要と供給による市場メカニズムだ」

教育出版『中学社会　公民　ともに生きる』p129
　市場メカニズムによって、財やサービスの価格が決定される経済のことを、市場経済といいます。

帝国書院『社会科　中学生の公民』p110
　この市場経済のしくみによって、数えきれないほど多くのモノやサービスが、効率的に生産され、配分されています。

② 「市場メカニズムがうまく働くには、政府（市場メカニズムを妨げる弊害を、法や規制などで除去する担当者）が必要だ。しかし政府が、常に成功するとは限らない」

清水書院『高等学校　現代政治・経済　最新版』p136
　価格機構が十分にはたらいたとしても、市場が効率的に機能しない場合がある。これを市場の失敗とよぶ。…そのため、自由で競争的な市場環境を整備することが、政府の経済政策の中心的な役割となる。…しかし、市場の失敗を理由とした政府の介入が、もくろみ通りにいくとはかぎらない。

③「需要と供給は、常に均衡するとは限らない。その場合、政府の介入は必要なのか、必要だとしたらどのような方法があり、どの程度が適切なのか」

東京書籍『新しい社会　公民』

　不景気（不況）と好景気（好況）とは交互に繰り返されます（景気変動）。景気を調整することも政府の役割です。財政の活動を通じて景気の波を調節する政策を財政政策といいます

育鵬社『新しいみんなの公民』p140-141

　日本銀行は、通貨の価値や物価を安定させるとともに、景気変動の緩和など多くの仕事を行っています（金融政策）。
　先進諸国では、このような経済の安定化政策も政府と中央銀行の重要な仕事と考えられています。しかし、これも万能とはいえません。政府といえども一国の需要を完全にコントロールすることはできないためです。

　これが、経済学です。すべては「希少性」「トレード・オフ」「機会費用」という基本原理から出発します。その基本原理を説明するために理論を組み立てています。その後、基本原理を中心に、ミクロ経済学の市場メカニズムや、寡占市場・独占市場・政府の必要性、マクロ経済学の財政政策・金融政策などが登場します。中高教科書は、これらの経済学のエッセンスを抽出して書かれたものです。

経済学の全体像

　では、もう少し細かく、経済学という学問の全体像を見てみましょう。
　18世紀に始まり、20世紀半ばにほぼ完成した伝統的経済学分野としてまず、需要と供給の市場について扱うミクロ経済学があります。バナナ

の市場、納豆の市場……というように、1つ1つの財・サービスの市場について需要と供給の均衡に着目するものです。

それら1つ1つの市場を足し合わせた財・サービス市場、労働市場、金融市場などの全体的な需給均衡に着目するのがマクロ経済学です。財政政策や金融政策が、それらの市場にどのような影響を及ぼすかを考えます。

とうほう『政治・経済資料2015』p207

ミクロ経済学＝経済の個別分野に焦点をあて、家計や企業がどのように意思決定を行い、市場においてどう相互に影響しあっているか分析する。価格を中心とした分析から、経済全体の分析を行う経済学。

マクロ経済学＝国全体の経済をあつかう経済学。インフレーション、失業、国民所得やその成長などの経済全体の現象に焦点をあて、適切な経済政策の考察などを行う。

1　ミクロ経済学

ミクロ経済学では、ある1つの市場、たとえば、バナナ市場とか納豆市場など、需給市場の均衡から扱っていきます。ここで登場するのが、中学校教科書にも載っている需給曲線です。

p26の図から、ある1つの産業の、価格と量の決まり方を学びます。

さらに、そのような1つ1つの財市場は、他の財市場とも関連しています。たとえば、過去にテレビ番組で「納豆がダイエットに効果がある」と話題になり、スーパーの棚から納豆がなくなったことがあります。そうすると、納豆工場では納豆を増産しようとします。しかし、工場の製造能力や労働者の数には限りがあるので、同じ工場で生産する別の商品の生産量を減らさなくてはなりません。このように、1つの市場の動

向によって、他の市場にも影響がおよびます。

育鵬社『中学社会　新しいみんなの公民』p123

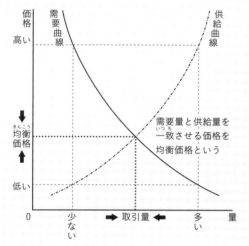

　2015年、ドイツの大手自動車メーカー、フォルクスワーゲン（VW）が、車に不正改造を施し、排ガス規制逃れをしていることが発覚しました。それによって同社の売上は激減します。VWがつまずいた影響で、他社は売上を伸ばしました。

「VW不正のツケ200億ドル」読売新聞　2017年1月12日

…2016年の新車販売台数…。…米国や日本、ブラジル、ロシアの販売台数は前年を下回った。特に日本では一連の不正問題によるイメージの悪化で販売不振が鮮明だ。…輸入新車販売…VWは独BMWに抜かれ…3位に順位を落とした。…28年連続でトップだったVWの小型車「ゴルフ」はBMWの小型車「ミニ」に抜かれ、初めて2位に転落した。

1つの自動車企業の販売数の増減は、自動車部品として使われているゴム、鉄、繊維、コンピューターなどの関連企業に影響を及ぼします。これら1つ1つの財・サービス市場を足し合わせたものが、業界全体の「財・サービス市場」となります。

また、ある1つの財・サービス市場の縮小は、そこで働く労働者に影響を及ぼします。リストラや、労働賃金の下落につながるかもしれません。失業は家系を直撃します。家計とは、消費者一人ひとりの総称です。

教育出版『中学社会　公民　ともに生きる』p142
　家計は企業に労働力を提供することで、企業から賃金を得ています。一方企業は財やサービスを家計に提供し、そのかわりに家計から代金を得ています。市場における家計と企業の関係は、お金を仲立ちとする交換関係であることがわかります。家計と銀行、銀行と企業の関係も、みな交換関係です。

たとえば、日本、アメリカ、ヨーロッパでは、鉄鋼の過剰生産が原因で数万人が失職しています。失業した労働者は、他の職業を探したり、別の地域へ移動しなければなりません。これらの動きは「労働市場」全体へ波及します。

加えて、ある財・サービス市場の縮小によって、設備投資（電気代や材料代、工場・店舗建設や土地の取得など）に関わる財の生産が減り、それらに必要な資金の需要減につながるかもしれません。その結果、最終的には「金融（貨幣／債券）市場」に影響が及びます。

帝国書院『社会科　中学生の公民』p137
　金融は人間の体でいう「血液の流れ」にたとえられます。金融のしくみ（金融システム）が安定していないと経済のしくみや動きは安定しません。金融は経済を支える土台なのです。

経済フロー循環図

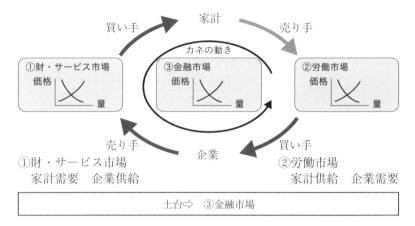

①財・サービス市場
　家計需要　企業供給

②労働市場
　家計供給　企業需要

土台⇨　③金融市場

　このように、複数の市場を俯瞰すると、経済は全体としては大きな循環になっています。相互に影響を与え、相互に関連しています。

2　マクロ経済学

　これらの「財・サービス市場」「労働市場」「金融（貨幣／債券）市場」の「すべての市場均衡」を扱うのが、ケインズが開拓したマクロ経済学です。財の種類を単純化して均衡を扱います。均衡というのは、市場において価格と量が決まっている、という意味ですが、実際に最適な値であるとは限りません。とりあえず、世の中のさまざまな市場の、つじつまが合っている状態を意味するだけです。どこかの市場で不均衡（ムリ）が生じているために、別の市場も不均衡になっていて、全体としては均衡（バランスを維持）しているにすぎないことがあります。

　ミクロ経済学が、希少な資源をどのように有効活用するかを研究するのに対し、マクロ経済は、ミクロの「家計」「企業」の行動の結果を、大胆に集計して扱います。納豆市場・バター市場・素材市場・製品市

場・商業などのサービス市場をまとめて1つの「財・サービス市場」とするのです。同様にすべての労働者の市場を1つにまとめて労働市場とします。そして、それらをささえる金融市場が登場します。このようにして、GDPや消費、金利や失業率を分析するのです。その際、国債や政府予算、為替レートや国際収支も、分析対象になりますので、「家計」「企業」に加えて「政府」「外国」という主体も加わることになります。

このように、ミクロ経済学とマクロ経済学は分析の方法がかなり違います。しかし、「家計」や「企業」の合理的なミクロの行動が集計されて、さまざまな経済現象となっているので、ミクロ経済学とマクロ経済学は、密接な関係にあるのです。

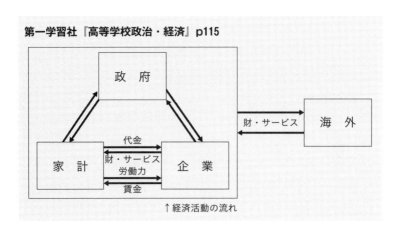

このミクロ経済学からマクロ経済学までの流れを、年代・思想史的にまとめると、巻末の年表のようになります。

3 ゲーム理論

ミクロ経済学、マクロ経済学という、いわば伝統的な経済学に対して、1950年代に誕生し、1980年代に急速に普及したゲーム理論という分野が

あります。すでに教科書にも登場しています。

第一学習社『最新 政治・経済資料集 新版2015』p321

　ゲーム理論はさまざまな形で研究が進んでいる。その１人がアメリカの数学者であるジョン゠ナッシュである。ナッシュはすべてのプレーヤーが相手の戦略を考慮しながら、自分の利益を最大化するように行動しているときに成立する均衡状態（ナッシュ均衡）を理論化し、1994年にはノーベル経済学賞を受賞した。

　ミクロ経済学の需給曲線で分析する市場は**完全競争市場**といって、多数の売り手と買い手が参入する市場です。参加者はみな、自分では価格を左右することができず、市場の価格を受け入れるしかありません。こういう立場にある参加者を**プライス・テイカー**といいます。買い手も売り手も、利己的に「現在の」自分の利益のみを考えます。均衡点は１つです。

　一方、売り手（時には買い手）が少数の**寡占市場**では、価格は少数者が決めることができます（**プライス・メイカー**）。しかも、できるだけ価格競争を避けようとします（新聞やビールの価格は横並びですね）。この市場では、「相手の出方」を予測することが必要になります。

東京書籍『新しい社会 公民』p125

　農産物や魚介類などの価格は、需要と供給の変化に応じて速やかに変化しますが、…少数の大企業が生産や販売市場を支配している寡占産業では、価格よりはむしろ品質やデザインなどの面で競争するのがふつうです。寡占化が進むと価格競争は弱まり、少数の企業が足なみをそろえて、価格（独占価格と呼ばれる）や生産量を決めることになりがちです。

第 1 章　経済と経済学　31

　ゲーム理論は、この寡占市場を分析する理論です（詳しくは第 4 章で解説）。「相手がある市場、相手の出方（未来）を予測しなければならない市場」には、他にも環境市場、資源市場、国と国のおこなう軍拡などもあるので、このゲーム理論で分析します。利己的に自分の利益のみを考えると、最悪の結果になりうるという市場です。さらに、日本型雇用といわれる「終身雇用・年功序列型賃金・企業別組合制度」もこの一種ですので、ゲーム理論で説明します。比較制度分析と言われる経済学分野です。

　ゲーム理論が登場したことで、ミクロ・マクロの伝統的経済学だけでは分析できなかった市場を分析できるようになりました。

4　行動経済学

　ここまでのミクロ経済学、マクロ経済学、ゲーム理論は、すべて人間が「合理的経済人＝ホモ・エコノミクス」であることを前提にしています。

数研出版『高等学校 現代社会』p233

　利益と満足（効用）

　自己の利益と満足の極大化をはかる心を「利己心」という。市場経済は、自己の効用を最大にするために市場参加者個々が利己心に従って経済活動を行うことを前提に考えられている（合理的経済人の前提）。

　ホモ・エコノミクスは、企業経営者としては最大利益を目指し、消費者としては最大効用を目指し、感情に左右されずに理性的に行動する、完璧な「合理的経済人」です。スター・トレックに登場する冷静沈着なミスター・スポックのような人物です。

しかし、実際の人間は、泣いたり笑ったり怒ったり、経済的選択に失敗したり、時には相手の利益のみを考えて利他的にも行動できる「ホモ・サピエンス」です。ちなみに、この利他行動（自分を犠牲にして相手の得だけを考える）は、チンパンジー以下の動物には取れない、人間にのみ特有な行動です。

　利己的なホモ・エコノミクスに対し、「限定合理性（理性は完全ではない）、理性と感情による選択、心理の世界、非合理的な世界」を扱うのが、行動経済学といわれる分野です。

　中・高教科書には登場していないので、本書では取り上げませんが、行動経済学も経済学のなかでは非常に重要な位置を占めています。この分野を勉強することで、「市場原理主義」・「新自由主義」などは、経済学のごく一部しか論じているにすぎないことがわかります。行動経済学では、心理学者のダニエル・カーネマンが、ノーベル経済学賞を受賞しています。

第2章　経済学の基本原理

希少性

　なぜ、経済学を学ぶのか。それは「資源が希少」だからです。私たちは、欲しい財やサービスのすべてを手に入れることができませんし、無限に生産することもできません。その希少な資源をどう配分すると効率的なのか、それを経済学は研究しています。

> **日本文教出版『中学社会　公民的分野』p121**
> 　無限の時間とお金、そんな魔法はこの世には存在しない。私たちは、使える時間もお金も限りがあり、…

　経済学における希少性とは「限りがある」ということです。お小遣いをもらっている中学生がいるとしましょう。月に3000円とします。そのお小遣いが30万円になったら、どうなるでしょう？　前から欲しいと思っていた漫画本や、ゲーム、靴や服など、全部手に入れようとお店に飛んでいくでしょう。しかし、地球上の子供たちがみんな30万円のお小遣いをもらったとして、みんな好きなものを買う、こんなことが可能でしょうか？

　お父さんだって同じです。月30万円の給料が500万円になったら、世界中のお父さんたちは欲しかったものをすべて買おうとするでしょう。でもそれはできない相談なのです。なぜなら地球上にあるすべての工場

を目一杯稼働させても、無限にたくさんのものを生産することはできないからです。労働者の数も、機械設備の数も限られています。みんなが大きな家に住みたいと思っても、土地の広さには限りがあり、家を建てる木材の量にも限りがあります。

このように、私たちの欲望は無限に大きくなりますが、工場や機械設備、労働力、森林、住宅地、石油資源など、モノやサービスを生産する資源は有限です。資源が有限だから、生産されるものも有限なのです。だから、生産して売って、私たちのふところに入る所得も有限、モノやサービスを買う予算も有限になるのです。この希少な資源をどうやって有効に使って、人間の生活を豊かにするのか、これが経済学の考えていることです。

帝国書院『社会科　中学生の公民』p107-108
　　経済を考えるということは、家計、企業、政府が、限られたお金の中で、モノやサービスなどの限られた資源をどのように選択したらよいかを決めることなのです。資源というと石油などの天然資源をまず思いうかべるかもしれませんが、土地、働く人、働く人の能力や技術、情報も資源といえます。時間さえ資源とよぶことができます。

世の中には、たぶん、人生では使えきれないほどのお金（無限のように見える）を持っている人たちも、大勢います。たとえば、マイクロソフト創業者のビル・ゲイツの総資産額は792億ドル（8兆円超）と言われています（アメリカ経済誌「フォーブス」2015年版）。

しかし、彼らにも有限なものがあります。時間です。1日の時間は24時間、これは、増やすことができません。眠っている間は仕事ができず、仕事をしている間は趣味を楽しむことができません。映画を楽しみながら、スキューバダイビングはできません。

第 2 章　経済学の基本原理　35

清水書院『高等学校　現代政治・経済　最新版』p118

　誰もがのぞむだけ財やサービスを利用しても不足がおきないなら
ば、それらが取り引きされることはない。金銭的な契約や取り引き
が生じるのは、財・サービスやその他の資源に希少性（有限で、す
べての人が無料で自由に利用したとしたならば不足してしまうこ
と）があるためである。

　時間が有限であるから、雇用というかたちで他人の時間を利用す
るためには賃金を支払わなければならない。貴重な対象を手放すた
めには、なんらかの対価が必要となる。希少性が交換を生む。

　働く人の時間は希少なので、それを分けてもらうために、企業は「賃
金」を支払います。働く人は、自分の時間（労働時間）を売っていると
もいえます。ここに時間とカネ（資本）の交換（トレード）が生じます。
交換こそが、経済の始まりです。

「犬と犬が熟慮の上、骨を交換するのを見たことがない」（アダム・ス
ミス『国富論』）というように、交換は人間社会の本質とも言える経済
行為です。どうすればよりうまく交換できるか、それを考えているのが、
経済学です。

マンキューの「経済学の10大原理」

　この「希少性」から始まる経済学の基本的な考え方を、Ｎ・グレゴリ
ー・マンキューという、現代を代表する経済学者が「経済学の10大原
理」としてまとめています。

　ハーバード大学教授であるマンキューの経済学教科書は、世界的なベ
ストセラーで、現代経済学のスタンダードもといえる本です。アメリカ
の経済学者の書く教科書は、とても分厚いものが多いのですが、それは
たくさんの平易なことばを用いてわかりやすく説明するため、また豊富

な事例を掲載するためでもあります。マンキューの本も、初学者が理解しやすくなるように、基礎編だけで3冊もありますが、それらの本の冒頭に登場する10大原理は、高校の資料集でも紹介されるほど重要な原理です。

とうほう『政治・経済資料2015』p206-207

マンキュー　ハーバード大学経済学部教授で代表的ニューケイジアン。マクロ経済が専攻分野。彼の著作である『マンキュー経済学』などは、米国のみならず世界各国の大学、特にマクロ経済学の授業で使用されている。

Ⓐ「原理①〜④」人々はどのようにして意思決定を行うか

　①人々はトレード・オフ（相反する関係）に直面している

　②あるものの費用は、それを得るために放棄したものの価値である

　③合理的な人々は限界的な部分で考える

　④人々は様々なインセンティブ（誘因）に反応する

Ⓑ「原理⑤〜⑦」人々はどのように影響し合うのか

　⑤交易（取引）はすべての人々をより豊かにする

　⑥通常、市場は経済活動を組織する良策である

　⑦政府は市場のもたらす成果を改善できることもある

Ⓒ「原理⑧〜⑩」経済は全体としてどのように動いているか

　⑧一国の生活水準は、財・サービスの生産能力に依存している

　⑨政府が紙幣を印刷しすぎると、物価が上昇する

　⑩社会はインフレーションと失業率の短期的トレード・オフに直面している

　経済学は、ミクロ経済学とマクロ経済学に分類できるが、原理①〜⑦はミクロ経済学、⑧〜⑩はマクロ経済学といってよいだろう。

第2章　経済学の基本原理　37

　ここからは、この10大原理を引きながら、経済学的なものの見方・考え方について見ていきましょう（10大原理を取り上げる順番はオリジナルの通りとは限りません）。

1　人々は、トレード・オフ（相反する関係）に直面している

①制約線・フロンティア

> **とうほう『政治・経済資料2015』p206**
> マンキュー10大原理　その1
> ①人々はトレード・オフ（相反する関係）に直面している
> 自分の好きな何かを得るためには、別の何かを手放さなければならない。（食料 or 衣料、仕事 or 余暇、効率重視 or 公平な分配）

> **実教出版『2015新政治・経済資料　三訂版』p195**
> 　希少性を有する世界では、必ず、選択（優先順序付け）が行われなければなりません。それは、子供の小遣いから国家の予算まで、すべてに当てはまります。予算の制約がある場合、あれもこれもできません。そこで、何かをしたら、何か諦めなければならないことになります。このことを、トレード・オフといい、…何かをしたら何かを諦める（トレード・オフ）ということは、日常的な行為です。

お金は希少で限りがあります。

　中学生のお小遣いは、30万円ではなくて、やはり3000円です。親が働いてもらえる給料から、何十万円も子供たちに与えられることはありません。欲望は無限ですが、お小遣いの額には限度があります。お小遣いが少なければ少ないほど、何を買うべきか、一生懸命に考えるはずです。話題のアニメ映画を見たいのか、食べる物が欲しいのか、買い物に行き

たいのか。A君はお菓子を買って食べたいのを我慢して、ゲームソフトを買います。B君は、新品のゲームソフトが買えないので、中古のソフトにします。Cさんは欲しい洋服を買うために貯金をします。3人はそれぞれ自分が決めた行動をとります。いずれも「お小遣い」という予算に制約があるために、他の欲望を犠牲にしています。

親も同じです。今欲しい腕時計があるとして、でもそれを買うと子供の夏期講習費用が出せません。親も欲しいものがあるのにそれを犠牲にして子供の欲望を満たすという選択をしています。

時間もまた希少です。営業のAさんは、決まった仕事の時間の中で「企業を訪問する時間」や「発注数をパソコンに入力する時間」をやりくりしなければなりません。「あれをしたら、これができない」のです。

企業は、社員数や、建物のスペース、資本（カネ）という希少資源を、どの仕事にどのくらい振り向けるかを決めなければなりません。資本は、株式を発行したり、社債を発行したり、銀行からお金を借りて集めます。これをいかに有効に無駄なく使うかを考えなければなりません。

政府にとっても同じです。予算には限りがあるので「年金」や「医療費」、「生活保護費」などの「社会保障費」を増額するなら、道路や港湾などの「公共事業費」や、学校などの教育予算を減額しなければなりません。地方自治体でもA地区の小学校の耐震補強を優先するのなら、B地区の老朽化した公営住宅の新設はあきらめなければいけません。

このように、「何かを得るためには、何かを手放さなければならない」という関係をトレード・オフといいます。お小遣いという小さな額から、進路をどうするか、結婚するかしないか、家を借りるか建てるかまで、人生はすべてトレード・オフの連続です。

第一学習社『最新 政治・経済資料集 新版2015』p180

資源の希少性の下で生産者にとっては、人々の欲求をできるだけ満足させるために、何を、どれだけ、どのような方法で生産し、そ

のために、生産要素をどのように組み合わせるかが問題となる。

一方、消費者にとっては、何を、どれだけ購入すれば、自分の欲求を最大限満足させることができるかが問題となる。

第一学習社『最新 政治・経済資料集　新版2015』p181
■選択とトレードオフ

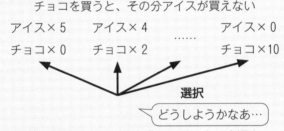

このトレード・オフの関係をグラフ化したものが、**制約線**、あるいは**生産可能性フロンティア**と呼ばれるモデルです。

現実には何億種という財やサービスがあり、政府予算にも何千もの項目があります。現実の経済はこのように複雑ですが、それらを単純化することで、経済の本質をよく理解できるようになります。現実の建物を省くことによって、かえって使い勝手を良くする、縮尺１／20000の道路地図のようなものです。

次ページのグラフは、２つの財を仮定することで、トレード・オフの関係をわかりやすく示すモデルです。単純ながら「希少性」「効率性」「機会費用」「経済成長」まで説明する、最も重要なモデルといえます。

予算や、時間などの、限られた資源を目一杯使う場合の組み合わせを示す場合は制約線、特に予算の場合は予算線といいます。いっぽう、限

られた資源を目一杯に使って生産する2財の量の組み合わせを示す場合には、生産可能性フロンティアといいます。

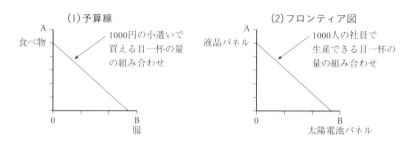

■消費者側の予算線

実教出版『2015新政治・経済資料 三訂版』p195
経済学はさまざまなところで顔を出す

まず、最も身近な例として、親からもらったお小遣いを考えてみます。これは最も基本的で極めて重要な経済学的問題です。…千円もらったとき、皆さんならそれをお菓子や文房具、漫画本などにどのように配分するでしょうか。ここでは千円が使えるお金の「上限」であるということです。この制約を…予算制約といいますが、この予算制約の下で…買い物をします。…お小遣いの使い道を考える…行動は、「予算制約の下で効用を最大化する」買い物を模索する行動、と表現できます。(小塩隆士『高校生のための経済学入門』ちくま新書)

消費の場合には、限られた500円の予算の中で、パン代にいくら使うか、飲み物代にいくら使うかを示します。お小遣いや、家計予算、企業予算、政府予算もこの線で示すことができます。

1000円のお小遣いを、1個100円のチョコと1個200円のアイスに使う

場を考えてみましょう。数式で表すと100A + 200B = 1000となります。

予算線

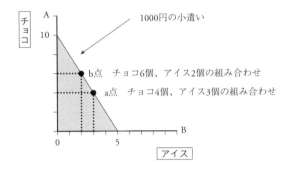

1000円の予算で、どちらかだけを購入すると、最大限でアイス5個、あるいはチョコ10個を購入することができます。予算線は、アイスとチョコの購入の組み合わせを示したもので、a点ではチョコ4個・アイス3個、b点ではチョコ6個・アイス2個を購入することになります。

この予算線は、1000円のお小遣いの範囲で、チョコの購入を増やそうとすれば、アイスの購入をあきらめないといけない、アイスを増やそうとすれば、チョコの購入を減らさなければいけない、というトレード・オフの関係を示しているのです。

予算線

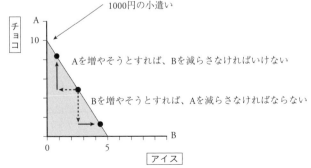

お小遣いが2000円に増えると、予算線は次のように動きます。

A軸とB軸に囲まれた三角形の面積が増えました。これは所得が増え、商品購入の選択肢が広がったことを示しています。

予算線

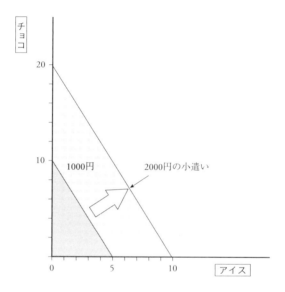

次に、財やサービスの価格が安くなったらどうなるでしょうか。今まで1個200円だったアイスが100円に値下がりしたとします。1000円という予算は変わりませんが、購入できるアイスの個数が増えたため、やはり三角形の面積が広がります。商品の価格が安くなるということは、私たちの商品購入の選択肢が拡大するということです。

第2章 経済学の基本原理　43

予算線

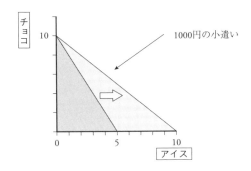

　1000円全部をチョコとアイスの購入に回さず、予算を余らせることもあるでしょう。たとえば下図のC点の場合です。このとき1000円の予算線の中で、他のものを購入しようとするなら、予算線2のグラフになります。あるいは、今使わないで、将来使うために貯蓄をする場合には、1000円のお小遣いをA「商品を買う」かB「貯蓄をする」かに割り振る予算線3のグラフになります。いずれにしても、1000円が、何かを選択する場合に使える、最大の予算です。

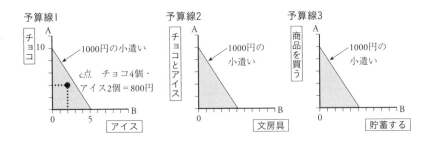

■生産者側の最大生産量を示す、生産可能性フロンティア

第一学習社『最新 政治・経済資料集　新版2015』p181
　トレード・オフは生産者が行う選択にもあてはまる。たとえば、

予算が一定の状態で、パン屋がパンの他にケーキもつくって売ろうとした場合、パンの生産量を減らさなければならない。

●生産者が1人の場合

チョコケーキとアイスケーキを生産しているお菓子屋さんが、独立・開店したばかりで1人で営業しているとしましょう。

1日8時間労働で、チョコケーキなら最大10個作ることができ、冷凍の手間のかかるアイスケーキなら最大5個生産できるとします。現在はa点のようにチョコケーキ4個、アイスケーキ3個を生産しています。

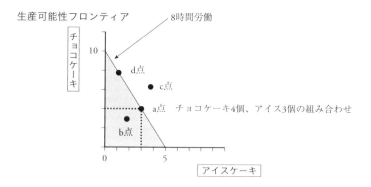

生産可能性フロンティアは、資源を最大限に効率的に使用した場合に達成できる生産量の組み合わせを示します。ですから、c点は、このお店の生産能力の限界を超え、生産できない点です。逆にb点は、非効率な状態です。a点とd点は、効率的に生産している状態です。

生産可能性フロンティアは、生産の限界を示します。店主がチョコケーキの生産を増やそうとすれば、アイスケーキの生産をあきらめないといけない、アイスケーキの生産を増やそうとすれば、チョコケーキの生産を減らさなければいけないというトレード・オフの関係を示しているのです。

第 2 章 経済学の基本原理　45

生産可能性フロンティア

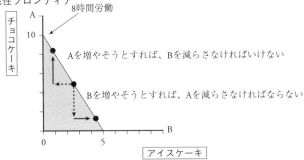

　このお店の生産性が向上すると、生産可能性フロンティアは拡大します。たとえば、お菓子づくりの腕が上がり、チョコケーキを1日15個生産できるようになったとします（労働者の技術力向上）。あるいは、アイスの冷凍機械が新型になって冷凍時間が短縮され、同じ時間で大量に生産できるようになったとします（機械の技術革新）。その場合の生産可能性フロンティアは、次のようになります。

生産可能性フロンティア

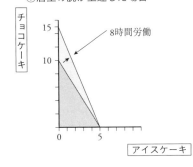

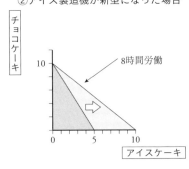

　このように、ある製品について生産性が向上すると、もう一方の製品の生産性はそのままでも、お店全体の生産量（三角形の面積）が増大し

ます。

●企業や国の場合

とうほう『テーマ別資料 政治経済2015』
〈資源配分〉希少な資源を、どのような財やサービスの生産にあてたらよいか、いかに有効に利用するかという問題。これは、効率性という視点で考える。

資源配分の具体例（資源が労働力の場合）

労働力などの資源を、どのように生産に配分するのがよいかという問題

「日立、情報通信2000人配転」日本経済新聞　2015年6月12日
　日立製作所が情報通信システム事業の改革を加速する。今年度中に機器の製造販売分野の人員を配置転換し、IT（情報技術）サービス重視を鮮明にする。…二千人規模を成長が期待できるサービス分野などに移す見通し。

　ここまでは、作り手1人による生産について説明しました。1人の場合、生産可能性フロンティアは直線になります。一方、企業や国のように、たくさんの人が参加している場合は、生産可能性フロンティアは曲線（扇形）になります。

第 2 章　経済学の基本原理　47

生産可能性フロンティア図

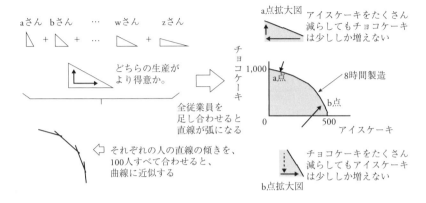

　100人の従業員を抱えているお菓子工場を見てみましょう。従業員には、細かい手作業が得意で、チョコケーキの修飾が上手な人もいれば、そういった手作業が苦手で、そのかわりにアイスケーキ製造機械の扱い・修理が得意な人がいます。

　従業員の得意・不得意は、生産可能性フロンティアの三角形の形状と面積で示されます。同じ8時間でにどちらをどれだけ生産できるか、これが生産性です。aさんは、最もチョコケーキ作りの得意な熟練者です。逆にzさんは、最良のアイスケーキ製造者です。このように、従業員にはそれぞれ生産性の違いがあります。この工場に勤める、生産性の違うすべての従業員の生産力を足し合わせたものが、このお菓子工場の生産可能性フロンティアになります。この図でも、アイスケーキの生産を増やそうとすれば、チョコケーキの生産を減らさなければいけない、つまり、トレード・オフの関係を示されています。従業員全員を極端に振り分けると、チョコケーキを1000個、あるいはアイスケーキを500個生産できます。

　1人1人の生産可能性フロンティアは、直線です。その直線の傾きがバラバラな100人を集めると、曲線状に近似します。従業員全員でチョ

コケーキを作る場合、アイスケーキ作りは得意でもチョコケーキ作りは苦手なwさん、zさんまで投入することになります。このとき、アイスケーキの生産をやめても、チョコケーキ生産はそれほど増えません。a点は、非効率な状態です。同様にb点も非効率な状態になっています。

次に、国全体の生産量を考えてみましょう。その国の人口や国土面積には限りがあります。国は生産性の異なる多数の企業の集まりと考えられるので、生産可能性フロンティアは、やはり扇形になります。ある国全体で、すべての企業がチョコケーキとアイスケーキのみを生産していると仮定します。2財に単純化することにより、本質に迫る方法です。企業によって、チョコ生産が得意な企業、アイス生産が得意な企業があります。扇形の傾きが、それぞれ違います。

生産可能性フロンティア図

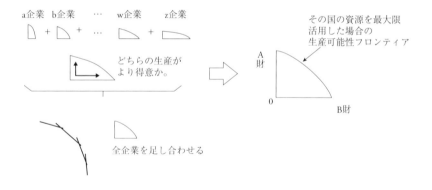

続いて、企業の生産性向上についてはどのように考えられるでしょうか。先ほどの1人で切り盛りする菓子店と同様に、①従業員たちの腕が上がった場合と、②アイスケーキの製造機械が新型になった場合を見てみましょう。いずれも、工場の生産性が向上すると、生産可能性フロンティアは拡大し、扇形の面積が拡大します。

制約線と生産可能性フロンティアは、経済学の根幹をなす考え方を表すもっとも重要なモデルの一つです。

生産可能性フロンティア

①従業員の腕が上達した場合　　②アイス製造機が新型になった場合

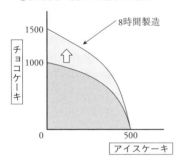
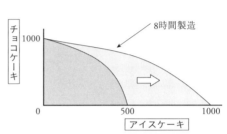

②効率性と公平性のトレード・オフ

> **清水書院『高等学校　新政治・経済　最新版』p127**
>
> 　効率と公正（公平さ）は、そのどちらを優先するかを議論されることが多い経済的目標である。
>
> 　市場経済では、市場で高く評価される生産要素（労働・土地・資本）をより多く供給できる人ほど、高い所得が得られる。すべての人が同じ質と量の生産要素をもっているわけではないので、各人が得られる所得額は同じになるわけではない。
>
> 　…そこで、累進課税制度によって高所得者からより多くの税金を徴収し、社会保障給付として低所得者に移転することによって、所得分配の不平等の度合いを緩和している（所得再分配政策）。…
>
> 　しかし、どの程度の平等を実現すべきかについては、さまざまな議論がある。それは平等の度合いが高まるほど、競争に対する誘因（インセンティブ）が弱まり、経済発展を阻害するという問題があ

るからである。

　福祉の向上をいくら求めても、経済的な発展なしにはその目標は達成できない。効率の追求と福祉の向上で求められる公正さとは必ずしも一致せず、両立しない場合が多い。このような場合、そのどちらを優先するかが問題となるため、現在の経済においては、効率と公正のあいだのバランスを調整することが求められているのである。

清水書院『政治・経済資料集2015』p215

　…アメリカにおける共和党が「保守派」、民主党が「リベラル派」、…「リベラル派」は、景気を浮揚させ、失業率を低下させるためには、政府による裁量的な財政・金融政策が必要と考える。ケインズの考えに基づく。市場システムは、所得分配の不公平を生み出すため、累進課税や社会保障などの所得再分配が必要であるという立場に立つ。

　「保守派」は「市場」の力を貫徹させるため、政府による裁量的な財政・金融政策は無効であると考える。…フリードマンに代表される「マネタリズム」や「合理的期待形成論」「サプライサイド論」などの理論（…「新自由主義」と呼ぶこともある）。

　保守派は「政府」による市場介入は、「政府の失敗」をまねき、経済の『効率性』を損ねるので、できるだけ避ける「小さな政府」の立場に立つ。

　効率とは、希少な資源からできるだけ最大限の財・サービスを得ること、生産することを意味します。**公平（公正）**とは、獲得した財・サービスを人々に公平に分配することを意味します。経済学では「効率は最大のパイを追求することで、公平はそのパイの配分のこと」と表現します。パイとは、小麦粉とバターなどから作った生地（パイ生地）に、果

実やナッツ、肉類その他を包み込むなどして、オーブンで焼き上げた料理あるいは菓子のことです。経済学ではよく用いられるたとえで、生産量（とくに GDP）の拡大を「パイの拡大」、それを社会保障などの用途に切り分けることを「パイの配分」といいます。効率と公平はトレード・オフの関係になることが多いのです。

効率性か公平性か

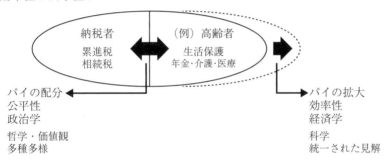

公平性（パイの配分）	効率性（パイの拡大）
政治学（民主政）	経済学（市場）
規範分析	実証分析
価値論（真善美）「〜べき」	事実論「〜である」

　効率については、数字で語ることができ、この点において経済学は「科学的」ですが、何が「公平」かということには答えがありません。教科書がさまざまな角度から「公平」を語っているのは、「公平」の視点が1つに決められないということの現れです。しかも「これが公平（公正）だ」というのも、視点を変えれば必ず「これは不公平（不公正）だ」になります。このように、「これが公平だ」と質的・量的に判断することはできません。全部を取り上げることはできないので、ここでは、「効率性と公平性」のトレード・オフにしぼって見てみましょう。

	公正・公平とする意見	不公正・不公平とする意見
年功序列型賃金・定年制	同じ年齢層の中で公平	個人の能力を無視、定年制は年齢による差別で違法(アメリカ)
成果型賃金・職能制賃金	個人の能力別に公平	勝者と敗者が生まれるので不公平
消費税などの間接税	同じ税率なので公平(水平的公平)	低所得者の方が所得に対する割合が重くなるので不公平
累進所得税 相続税 直接税	所得別に税負担が増えるので公正(垂直的公平)	高額所得者に重い負担で不公平
年金の賦課方式	働ける人が働けない人を保護・負担するので公正	世代間の不公平
公共料金	全員に平等に供給	使う人も使わない人も一律に負担するので不公平

累進課税について考えてみます。所得税の最高税率は、どの国も累進的な課税制度を採用しています。日本の場合は、45%です。

(財務省　2014年)	アメリカ	イギリス	ドイツ	フランス
最高税率%	52.3	45	47.5	53

実教出版『2015新政治・経済資料　三訂版』p239

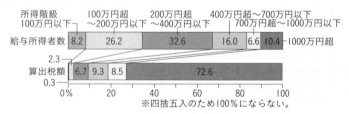

所得税の再配分効果　2013年度

国税庁の調査によると、日本では給与所得が1000万円を超える10.4%

の人が、所得税の72.6％を負担しています。この場合、「垂直的公平性」
を実現しているのは間違いありませんが、効率の低下という問題に直面
します。あまりにも税率が高くなれば、高額所得者の労働に対するイン
センティブ（誘因）が減少し、財・サービスの生産が低下することがあ
ります。

　ソ連などの社会主義体制は、根本にそのような問題をはらんでいまし
た。

清水書院『政治・経済資料集2015』
　資源配分をめぐる経済学や経済政策の目標には、『効率性』と『公平
性』の二つがある。この二つの目標も、トレード・オフの関係に
ある。資源配分をめぐる問題は、この二つのどちらかによって解決
しなければならない。
　…鉄が10tあったとする。これを10の工場に配分するとき、『公平
性』を重視すれば、各工場は1tずつの配分になる。いっぽう、『効
率性』を重視すれば、もっとも能力の高い工場のみに資源を配分す
ればよい。もちろん、資源の調達できない工場もある。

　資源の配分を「市場」ではなく「政府」が計画決定していた「社会主
義システム」の場合、公平性を重視するあまり効率性が損なわれること
がわかります。生産性の低い工場にも資源が割り当てられ、結果的に国
全体として非効率な状態になっています。逆に「市場システム」では、
生産性の低い企業は淘汰されていきます。

　50年以上も南北に分断された朝鮮では、韓国（市場経済）と、北朝鮮
（計画経済）の間で、効率性に非常に大きな差が生じています。1990年
に統一を果たした直後のドイツの東西でも大きな所得格差がありました。

1人当たりGDP (New Maddison Project Database)

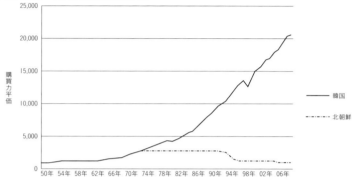

1989年　旧東西ドイツ所得格差 （日銀月報　1992.12『ドイツ統一コストと最近の欧州問題について』）

　ベトナム、ラオス、カンボジアのインドシナ三国は、社会主義と資本主義の対立による戦争や内戦、軍事独裁政権、閉鎖経済（社会主義・資本規制）の象徴でした。これらの国は、90年代以降、ASEAN（東南アジア諸国連合）に加盟し、開放路線を歩み始めました。つまり、効率を追求する路線に舵を切ったのです。その結果、最貧国だったこれらの国の所得水準は、爆発的に伸びることになりました。

　また、2015年の選挙で、民主化の道を歩むと予想されるミャンマーも、市場開放の方向へ向かっています（外資規制など、一部課題は残る）。その結果、月収1.4万円以下で暮らす最貧困層は大幅に減少することが予想されています。

冷戦終了後、ASEAN諸国1人当たりGDP （ドル）(IMF)

	1992年	2014年
カンボジア	288	1080
ラオス	274	1692
ベトナム	144	2052
フィリピン	911	2865
インドネシア	901	3533
タイ	1893	5444
マレーシア	3102	10803
ブルネイ	15661	36606
シンガポール	16144	56319
日本	39228	38375

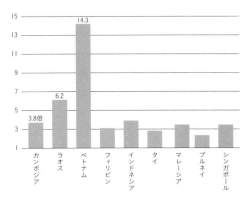

1992→2014年 冷戦終了後1人当たりGDP(ドル)倍率 (IMF)

　パイを大きくしないと（効率化）、パイの配分（公正化）はそもそもできないのです。下のグラフは、日本より豊かな国における国民所得に対する地方税・国税・社会保障費の総額の比率（国民負担率）です。

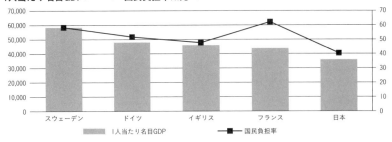

1人当たり名目GDP(2014 IMF)・国民負担率NI比 （税＋社会保障）日本2013年、他2011年（日本国勢図会）

　これらの国は、所得の半分以上を再配分に回しています。「所得の大きい国＝効率追求に成功した国が、社会保障も大きい＝公正も追求している国」という関係は、決して偶然ではないのです。パイが小さいまま（閉鎖経済）では、パイの配分も、貧困の配分にしかなりません。

　アフリカで最貧国の南スーダンは、人口が1200万人ほどで、1人当たりGDPが1年間にたった220.86ドルしかありません。同様にブルンジ

は305.78ドル、中央アフリカは334.87ドルです（2015年 IMF）。このような状態では、薬を買うことはおろか児童の給食を配給することすら、困難だとわかるでしょう。南スーダンに対しては、日本は2013年以降、総額約38億7300万円の支援を実施しています。

所得と幸福度の関係を見てみましょう。日本の所得は1980年から比較すると、約2倍になりました。しかし、国全体としての幸福度に変化はありません。

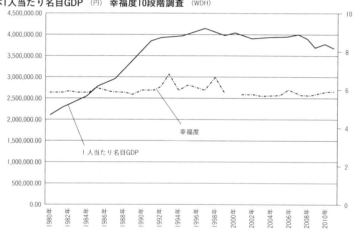

日本1人当たり名目GDP （円）　**幸福度10段階調査** （WDH）

実は平均所得が1万ドルを超える、すなわちある程度の収入を得られる国においては、幸福度は所得の上昇に比例しなくなるのです。これは、**幸福のパラドックス（イースタリンのパラドックス）**といわれる現象です。幸福感という主観は、絶対的な基準ではなく、相対的な感覚によるものだからです。

日本人の所得は、半数が「ご近所」との比較、1割が「日本人の平均所得」との比較で、日本より豊かな国や貧しい国との比較などしていません。また、所得水準が上がっても、今度はその上がった時点の所得が

基準点になります。幸福度は、「お金に余裕のない学生時代に低く、稼ぎのある社会人となったいま高くなる」ということはないのです。

日本人の相対感覚、いわゆる「一億総中流意識」も、高度経済成長時代以降、変化しているわけではありません。格差社会が叫ばれる今日でも、9割以上の日本人は、「自分は中流」と感じているのです。

一方、最貧困国、途上国の所得水準と幸福度には、はっきりと相関がみられます。所得水準が上昇すれば、幸福度が高まるのです。このグラフでは、左側に行くほど、所得が低い国、右側に行くほど、所得が高い国を示しています。

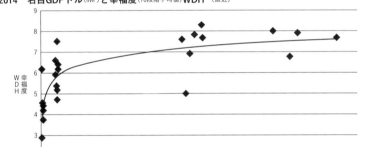

2014　名目GDPドル(IMF)と幸福度(10段階平均値)WDH　(直近)

2014　名目GDPドル　IMF　187か国中　上中下10か国ずつ抽出

これは、日本国内でも同じです。国民の1人1人をとってみれば、明らかに所得と幸福度は関係があります。

つまり、「幸福の最大化」は難しいものの、経済成長は「不幸の最小化」を実現するのです。1日あたり1.25ドル未満で暮らす最貧困層を1990年比で半減させる「国連ミレニアム開発目標」は、目標年の2015年を前に、前倒しで達成されました。経済成長は、やはり必要なのです。

■経済に公平性が必要な理由

　経済学では「合理的経済人＝ホモ・エコノミクス」を前提にしていました。ホモ・エコノミクスとは、常に合理的で、企業経営者としては最大利益を目指し、消費者としては最大効用を目指す人です。目指すのは「自己利益の最大化」で、典型的な利己主義者です。このホモ・エコノミクスによって市場は形成されています。

　しかし、実際の人間（ホモ・サピエンス）は、「平等」「公平性」を大変重視します。市場は最大限の効率性を追求する場所なのですが、その市場自体を公平性が支えているといっても過言ではないほど、人間は公平性を重視しています。

N. ヘーリング、O. シュトルベック『人はお金だけでは動かない』NTT出版（2012）p14

　…人という生きものは、昔ながらの経済学が想定するよりずっと社交的で、それほど合理的ではない。公正で協力的でありたいと願ったりすることは、とるに足りない枝葉の問題ではなく、人間性の根幹をなすものだ。これなしには、経済行動を完全に理解することも説明することもできない。

G. A. アカロフ、R. J. シラー『アニマルスピリット』東洋経済新報社（2009）p32-35

　経済のいちばんの基本は交換の理論だ。…取引が公平でないと、損をした側の人物は怒るという。その怒りが解き放つ衝動のせいで、取引は公平なものにならざるをえない。…

　公平さへの配慮は、経済的意思決定における大きな動機付けとなっていて、われわれの安心感や、みんなといっしょにうまく働ける能力と関わっている。

第2章　経済学の基本原理　59

　特に、市場経済の重要な半分、労働市場では、公平さに対する配慮の影響が、利己的な経済動機の影響よりも大きいようなのです。

　以下のエピソードはこれを如実に表すものです。労働経済学を専門とするアルバート・リース博士は、シカゴ大学からプリンストン大学に移り、大統領の指名で「賃金と物価安定評議会」の長官に抜擢され、その後プリンストン大学長、最後はアルフレッド・P・スローン財団の理事長を務めました。彼が、旧友の労働経済学者ジェイコブ・ミンサーを記念する会議で、経済学者としての人生を振り返っています。彼の話を、経済学者が著書で紹介しています。

G. A. アカロフ、R. J. シラー『アニマルスピリット』東洋経済新報社 (2009) p26

　賃金決定の新古典派理論は、私が30年にわたり教えてきて教科書でも説明した…。1970年代半ばから、わたしは賃金や給料を決めたり管理したりする役割に参加するようになった。…ニクソン政権やフォード政権で3つの賃金安定化委員…、企業2社の社長を務め、私立大学の学長を務め、財団の理事長となり…。

　これらの職務のどれ一つにおいてすら、自分がこれまで長きにわたり教えてきた理論はいささかなりとも役にたっていない。現実世界で賃金や給料の設定に関する要因は、新古典派理論が述べるものとはまるでちがっているようだった。これらすべてにおいて圧倒的に重要だと思えたのは、公平さなのだった。

　交渉の公正さは大きな動機になり、重要な役割を演じます。公正さが、市場における意思決定を支える大きな土台なのです。

吉川洋「賃上げ春闘　労使握手で決まる賃金」読売新聞　2015年3月29日

　13年秋に安倍政権が官邸で開いた「政労使会議」…政府は業績が

好調な大企業に対し、賃上げを要請した。「市場で決まるべき賃金に政府が口を出すのは間違っている」と批判する人もいる。賃金は市場で決まるものだ…実はこうした主張は正しくない。

賃金交渉におけるキーワードは「公正」だからだ。賃金は「見えざる手」で決まるのではなく、「目に見える握手」によって決まる。米国のマクロ経済学者アーサー・オーカンは交渉による賃金決定をこのように巧みな言葉で表現した。賃金は、単純な需要と供給の論理で決まるものではないのである。…賃金が市場で決まるというのは、一面の真理に過ぎない。

2　あるものの費用はそれを得るために放棄したものの価値である（機会費用）

とうほう『政治・経済資料2015』p206
マンキュー10大原理　その2
②あるものの費用は、それを得るために放棄したものの価値である
意思決定においては、選択したものから得られる便益と、あきらめたものの価値（機会費用）を比較する。

大学進学	OR	高卒で就職
3億円	生涯賃金	2.5億円
500万円	進学の費用	0円

帝国書院『アクセス現代社会 2015』p168
I　アルバイトと買い物
　私たちは同時に読書とスポーツはできないし、勉強しながらカラオケをすることは無理だ。このように、一つを選べばほかは捨てるしかない状態や関係にあることをトレードオフという。このとき、

私たちはそれぞれの長所と短所を十分考慮したうえで、どちらかの選択肢を選ばなければならない。選ばれなかった選択肢のなかで最善の価値、言いかえれば、他の選択肢を選んでいたら得られたであろう利益のうち、最大のものを機会費用という。

例として休日にアルバイトをするか、買い物に行くかを考える。時間は有限であり、休日にアルバイトも買い物も両方はできないから、両者はトレードオフの関係にある。アルバイトを1日休んで買い物に行くことにすれば、1日のアルバイト代8000円をあきらめたことになる（機会費用）。

私たちは限られた時間のなかで、アルバイトをするか、買い物に行くか、より自らの欲求を満たすほうを「選択」することになる。言いかえると、私たちは自らの欲求を最も満足させるべく、限られた「資源」である時間をアルバイトや買い物にあてるなどして有効に使う。

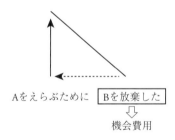

「何かを得るために何かを手放さなければならない、その手放さなければなかった価値（時間や費用、効用）」のことを機会費用といいます。トレード・オフには、機会費用がともないます。

高校野球で活躍した大型ルーキーが、大学に進学し野球を続けるか、高卒ですぐにプロ野球の選手になるかを選ぶとき、機会費用を天秤にかけていることになります。大学に進学すれば、野球の指導者資格を得た

り、けがをして引退を余儀なくされた時に次の職業選択の幅が広がったり、という便益があります。一方、高卒ですぐにプロ野球に入った場合、初めからプロレベルの技術を学べ、うまくいけば大卒でプロ入りするよりも早く、1億円を超える年俸を得ることも可能です（プロ野球日本ハム大谷選手の場合、入団4年目の年俸は2億円：推計）。高校生の中には、大学進学の便益が機会費用（それを得るために放棄した価値）に見合わないとして、プロスポーツの世界、芸能界、企業設立に動く人もいます。マイクロソフト社を立ち上げたビル・ゲイツや、プロゴルファーのタイガー・ウッズは、大学在籍の機会費用が合わないと考え、大学を中退しています。

　機会費用はどのように資源を使うかというような選択においても、どのように生産するかという選択においても生じます。39ページに登場した制約線と生産可能性フロンティアはまさにこのことを示すものです。

　では、私たちはこの機会費用をどのように比較しているのでしょうか。次の資料の例で見てみましょう。こういうことは日常よくあることで、無意識のうちに得か損かを計算して行動しているかもしれません。

第一学習社『最新 政治・経済資料　新版2015』p181

　機会費用とは、あることを選択したために失った利益といえる。

　たとえば、パン屋を経営しているＡさんが、職場まで1時間かけて徒歩で行くか、それとも10分でタクシーで行くかを考えてみる。徒歩を選んだ場合、かかった費用はタダであるが、タクシーと比べて50分遅れる。

　左（本書では右）の図のように、もし、Ａさんがこの50分間で働いた儲けがタクシー代よりも少ないのであれば、タクシーに乗ると損をすることになる。しかし、タクシー代よりも多くの儲けを得られるなら、タクシーに乗った方が得！である。

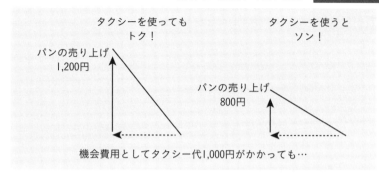

定年退職した人や働いていない大学生が、午後に映画を観る時間の機会費用はごくわずかです。しかし、日産自動車のカルロス・ゴーン会長の1時間当たり機会費用は（年に10億円の報酬、1日8時間×200日とすると）62万5000円にもなります。1分も無駄にはできません。移動する際に、プライベートジェットを使用することがあるのも、当然なのです。

3　合理的な人々は、限界原理をもとに考える

先に挙げた高校球児が大学へ行くかプロ野球に行くかという選択の例は、中間の選択肢がない極端なものですが、通常、私たちの生活はもっと中間的な選択にあふれています。

> **とうほう『政治・経済資料2015』p206**
> マンキュー10大原理　その3
> ③合理的な人々は限界的な部分で考える
> よく似た選択肢（微小な変化・違い＝「限界的」）での意思決定においては、限界的な変化に伴う費用と便益を比べる。
> ・所持金は1500円。りんご10個、バナナ5本買おうと思ったが、りんごを1個増やし、バナナを一本減らしたほうがより得？　1つ食

べたときの満足（限界効用）はどっちが大きいかな？

帝国書院『社会科　中学生の公民』p109

　私たちが選択をするときには、例えば、選択できる二つの商品について、一方にすべてのお金を使い、他方にはお金をまったく使わないということもあります。しかし、多くの場合は、一方の商品をより多く選択するために、他方をより少なく選択するということをします。例えば、昼食代として500円をもっていたら、パンにすべてのお金を使うのではなく、パンの分を少し減らし、その分のお金で飲み物を買うということです。

　経済学では、人々や会社は、合理的であると想定しています。人々は満足度（効用）を最高にするために、自分の時間のうち何時間を労働に使い何時間を自由時間に充てるか、稼いだ所得のうち、どれだけを消費に回しどれだけを貯蓄に回すか、どの財・サービスを購入するか、ということを決めます。会社は、利潤を最大にするために、どれだけの人を雇い、どれだけの財・サービスを生産し、どれだけ販売するかを決めています。

　定期試験を目前に控えた学生の勉強時間配分は、「3時間勉強するか、全くしないか」ではなく、「数学の勉強時間を20分減らしてその分を英語の時間に充てた方がいいかどうか」といった選択です。

　選択は、資源のすべてではなく、取り扱い可能な最低単位（1単位）の微調整で行われます。1単位というのは、時間なら10分とか、カネなら1万円、労働力なら1人など、考慮すべき最小の単位と考えればよいでしょう。このような選択を限界的な選択と言います。「限界」という言葉に当惑する人が多いのですが、これは英語の marginal をむりやり日本語に訳した専門用語なので、言葉にとらわれすぎない方がよいでしょう。「限界」は経済学では「最小限の」というような意味合いで、作っ

たり費やしたりできる追加する最少限の1単位のことを指す言葉です。

ある財・サービスを生産する場合、その財・サービスを1単位追加生産するときにかかる費用を「限界費用」、そこから得られる追加収入を「限界収入」といいます。100人の従業員が働いている会社で、101人目の労働者の賃金が限界費用、101人目が加わることで増える収入が限界収入です。

トレード・オフとは、すべてのかかった費用とすべての得た便益の総合・平均で考えるのではなく、限界的な費用と限界的な便益とを比較することで、選択していることが多いのです。

■繁忙期と限界収入生産

引っ越しは、特定の時期に集中します。東京都では、3月の移動者数は、他の月の3倍にもなります。そこで、普段は30人で運営されているある引っ越し業者は、3月はアルバイトを雇うことになります。ただし、バイトを1人雇っても3倍の仕事量はこなせませんし、100人雇うと雇いすぎで赤字になります。引っ越し業者は「引っ越し回数×価格」の便益と、「バイト人数×時給」の費用を比べて「便益＞費用」になるようにバイトを募集します。最後の1人のバイトを増やすか増やさないかのラインを「限界」といいます。

限界収入
引越会社が、最後の1人のアルバイトを雇うかどうか

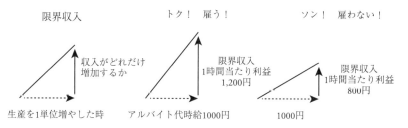

■米メジャーリーグ選手の年俸が高いわけ

　米メジャーリーグの選手の年俸が、日本のプロ野球選手より高いのは、選手を1人追加したときの、限界収入が大きいからです。これはTVの放映権料の影響が大きいのです。世界各地から選手を集めることによって、世界中に映像を配信することができます。その結果として放映権料が高騰しています。

■限界費用がタダ同然

> **「タイ、音楽定額配信に活路」日本経済新聞　2015年10月28日**
>
> 　タイではCDの売り上げ減が顕著だ。2006年に800万枚弱だったCD販売は14年に約200万枚に激減。…背景には違法コピーの横行がある。海賊版や違法ダウンロードによる損害額は14年に約10億バーツ（約34億円）。…正規版の売上高（約14億バーツ）の7割に上る。

　音楽CDのみならずPCソフトなどのデジタルデータはコピーが容易で、限界費用が極小（電気代と時間だけ）です。「限界費用＜限界便益」であることが、違法コピーが絶えない理由になっており、その被害額は拡大の一途です。

4　人々は様々なインセンティブ（誘因）に反応する

とうほう『政治・経済資料2015』p206
マンキュー10大原理　その4
④人々は様々なインセンティブ（誘因）に反応する
便益や費用が変われば、人々の意思決定も変わる。
「りんごの味（便益）は変わらないのに価格（費用）が上昇したら、りんごを選択せず梨を買おう！」

選択行動の核となるのは、「インセンティブ（誘因）」です。インセンティブとは、人間に行動を起こさせるもので、カネ、笑顔やほめられること、地位や名誉などさまざまです。逆にいうと、カネだけがインセンティブというわけではありません。ボーナス（報酬というインセンティブ）で職場の問題がすべて解決できるわけではないのです。

人はインセンティブで動くというのは、まったくその通りなのですが、何がその人のインセンティブなのかはわかりません。どんな人に、どの程度、どのタイミング、どんな形でインセンティブが与えられるかによっても全く違います。時には、与えるインセンティブを間違えて大失敗に終わることもあります。

経済学の本によく出てくる話では、次のようなものがあります。アメリカで弁護士に「恵まれない人のための法律相談会をボランティアで行ってくれないか」と申し出たところ、たくさんの弁護士が引き受けました。ところが「低額の報酬」を提示したら激減したといいます。

また、イスラエルの保育園で、午後４時の迎えの時刻に遅れた親に、10分につき、３ドル程度の罰金を科しました。すると、遅れてくる親は、大幅に増えました。それまでは、先生に対して親は「遅れたら申し訳ない」と、人間関係（社会規範）に照らして考えていたのに、罰金導入後は「３ドル払えば、10分遅れてもいい」という市場思考（市場規範）にインセンティブが変わってしまったのです。保育園の先生の残業時間が「申し訳ない」と思わせるものから「カネで買える」商品に変わってしまったわけです。

人は**市場規範**（カネで勘定できる世界）と、**社会規範**（人間関係や感情の世界）の２つで生きています（次ページの図参照）。

2つの世界に住む私たち

市場規範
（ソン・トクの世界）

社会規範
（人間関係の世界）

時間
効率
時給
価格…

家族
友人
職場
近所…

　大学生が、親友から「引っ越しを手伝ってくれないか」といわれたら、二つ返事でOKするのではないでしょうか。「お礼に晩飯おごるから」といわれても、「気を使うなよ！（でもうれしいな）」と答えるでしょう。しかし、「時給800円で頼むよ」といわれると、「カネの問題じゃない」と拒否感が大きくなってしまいます。恋人・夫婦関係、親子関係や、友人関係、知り合いの関係で成り立っている日常生活に「市場規範」を持ち込むと、やっかいなことになります。

　インセンティブは「人の意欲を引き出すために、外部から与える刺激」です。ほめ言葉は他者から与えられる「言語報酬」ですから、それによって個人の内側から湧き出るモチベーション（自発的動機付け）が高まることもあります。上司は、部下のモチベーションを高めるために、「何が彼にとってインセンティブなのか」を常に考えています。ただし、唯一の答えがあるわけではないので、いつも悩んでいるのです。

　インセンティブには、大きく分けて2種類あります。「損したくないというインセンティブ」と「得したいというインセンティブ」です。

①損したくないというインセンティブ
■駐車違反の切符

T. コーエン『インセンティブ』日経BP社（2009）

　米ニューヨーク市駐在の国連外交官には、駐車違反を逃れる特権がありました。1997年～2001年に彼らが犯した駐車違反は15万件を

超えました。2002年、市は法改正をし、駐車券を買わない外交車両に罰金を科し、その罰金は、違反をした外交官の国の対外援助費から、差し引くことにしました。外交車両の駐車違反の数は90％以上減りました。

この駐車違反の取り締まり方法は、本国への対外援助費が実際に減らされるということだけではなく、ニューヨーク在住の外交官の「評価」や将来的な「出世」にも響くという、個人的に「損をしたくない」というインセンティブにも働きかけています。

■飲酒運転の罰則強化

罰金額	2002改正前	2002改正	2007改正
酒酔い	10万円	50万円	100万円
酒気帯び	5万円	30万円	50万円

2002年の法改正では、刑事上の法定刑や行政処分の強化といった飲酒運転に対する厳罰化、2007年の改正では更なる厳罰化にくわえ、同乗者の罪も問われるようになりました。その結果、飲酒運転の事故件数は大幅に減っています。

飲酒運転事故発生件数「平成21年版交通安全白書」

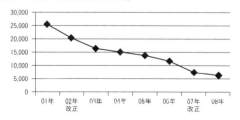

■主婦のパートタイム労働

　主婦が、年間のパート所得を103万円、あるいは130万円以内に収めようとするのは、税制によって世帯所得額が増減するという誘因によるものです。現行制度では、パート労働の収入が103万円以下なら、「配偶者控除」で夫の（納税者）所得から38万円が控除され、130万円以下なら厚生年金や健康保険などの社会保険を払わなくてもすみます。それ以上の収入になると、かえって手取り額が減る仕組みです。

　働き過ぎると手取りが減るので「損をしたくない」というインセンティブが働いています。これが、主婦のパートタイム労働時間が増えない要因なのです。主婦のパートが働く職場では「働き過ぎて手取りが減らないよう」にする調整が当たり前になっています[2]。

厚生労働省「パートタイム労働の現状」『平成22年版パートタイマー白書』

「主婦パートの約75％が年収103万円以内で働いている」

　主婦パートのうち、収入に何らかの「上限を設けている」と回答した者に理由を聞いた。「90～103万円（103万円含む）」では「自分の収入に所得税がかからず、かつ配偶者控除の適用を受けるため」が54.2％、「103万円超～130万円未満」では「夫の社会保険に被扶養者として加入するため」が62.2％。収入に上限を設ける理由と実際の年収がほぼ一致している。

②得したいというインセンティブ
■ふるさと納税

　自分で選んだ地方自治体への寄付金額が一定額以内の場合、2000円を除き、全額が所得税・住民税の控除（免除）対象となる制度です。自治

2　2017年度の税制改正で、所得税の配偶者控除見直しが行われ、配偶者の年収上限は、103万円から150万円に引き上げられました。

体は、2000円以上のお得感を持つ謝礼（特産品の牛肉・魚介類や果物、ノートパソコンなど）を用意し、寄付を募ります。ネット上には、「どこに寄付すると得か」というランキングまであります。

　自治体からの謝礼には、寄付額の7割相当の「商品券」まで用意され、それを転売するネットオークションまで登場しました。ふるさと納税は、お金持ちにとっては、節税対策というインセンティブになっているのです。総務省はこれを踏まえ、2016年4月に換金性の高い返礼品の自粛を求める要請をするに至りました

2014年実績

1位	長崎県 平戸市	12億7884万円	無期限買い物ポイントで贈答品セット選択
2位	佐賀県 玄海町	9億3206万円	真鯛・とらふぐ
3位	北海道 上士幌町	9億1098万円	十勝牛
4位	宮崎県 綾町	8億3248万円	ブランド肉
5位	島根県 浜田市	6億2170万円	高級魚　のどぐろ

　1位の長崎県平戸市の場合、すべての税収額が27億円程度のところ、2015年度も13億円を超える寄付が集まっています。自治体にとっても税収増というインセンティブが働き、納税者にとっても「お得」というインセンティブが働きます。2015年度には、前年度の4.3倍に急増し、加熱競争状態になってきました。

　ただし、他の自治体の納税額が減るので、全体では**ゼロサムゲーム**になります。東京都港区では、この制度による税収減が、5〜6億円になるとの予測もあります。人口減の中、自治体同士で若年者を奪い合っているようなものです。自治体にとっては、「周りがやるなら、自分もやらなきゃ損」というナッシュ均衡（p227）になっています。

③差別もインセンティブ？

　社会におけるさまざまな差別も、経済的インセンティブに起因してい

ることがあります。「人種や宗教、性的思考が嫌いだから、差別をしている」のではなく、「得か損か」、いわゆる経済学的な問題だとする研究もあります。

■黒人差別？

アメリカのシカゴという都市は殺人事件が多い街です。その町で、誰もが知っている「ウィリス・タワー」へ行きたいという道案内を、通行人に頼む実験があります[3]。

実験者である若い黒人男性の服装は、フードのついた上着と腰にひっかけたダボダボのジーンズです。声をかけても、誰も立ち止まりません。道を教えてもらった場合でも、間違った道を案内されるなど、若い黒人男性が役に立つ道案内をしてもらえる可能性は極端に低くなります。これは、「自分の身を守ろう」という経済的インセンティブが働くのです。若い黒人男性の犯罪率は、他のグループに比べてずっと高いからです。同じ20歳の黒人男性にビジネス・スーツを着て「僕は安全だ」というシグナルを送ってもらった場合は、道を教えてもらえる率は、他の若い女性たちと同じ割合にまで上昇しました。

同じ黒人でも、50歳の男性の場合は差別される率は低くなりました。逆に、白人であっても、剃った頭に軍隊のブーツ、鉤十字の入れ墨の男性であれば、人は避けようとします。

この場合、厄介なことに巻き込まれたくない、時間や生命をソンしたくないというインセンティブが働いたと考えられます。

3　以下参考文献　ウリ・ニーズィほか『その問題、経済学で解決できます』東洋経済新報
　　社　2014

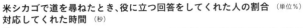

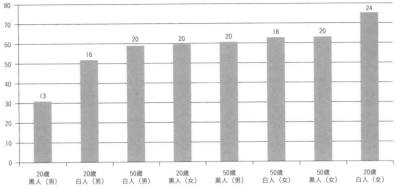

■障がい者差別？

　車いすに乗った実験者が、自身で運転して向かった車工場で、修理を依頼した場合、見積額は健常者よりも30％高くなりました。理由は、修理工が「この人は、また苦労をして、他の店で見積もりを取らないだろう」と判断したからです。修理工は「多めにカネを儲けられるチャンス」というインセンティブに反応したのです。

　この実験では、「今日のうちに3軒で見積もってもらうつもりだ」と説明を加えたとたんに、同じ見積額になりました。これは、「もうけを追求する」というインセンティブによる差別で、合理的な行動ともいえます。以下の例と本質的には同じです。

　カメラの専門店街にある店で、「このカメラで使えるいいレンズが欲しい」と頼む場合と、「ニコン社のAF-S 55-300mm　f/4.5-5.6　ED VR 高倍率ズームレンズが欲しい」と頼む場合では、見積額に2倍以上の開きがありました。前者では、「知識不足の客」と見なされ、店員に「できるだけ多くカネを引き出そう」というインセンティブが働いたと考えられます。後者は「詳しい客＝適当な対応をしては買ってもらえない」というインセンティブが働きます。

5 交易（取引）はすべての人々をより豊かにする

①交易の始まり

とうほう『政治・経済資料2015』p206
マンキュー10大原理　その5
⑤交易（取引）はすべての人々をより豊かにする
各人が得意分野に専門化して財やサービスを取引することで相互に
利益が得られる。

「交易」「貿易」という言葉は国際間の物の売り買い、「取引」は一般的
な財・サービスの売り買いのことを指しますが、英語では「トレード
（trade）」という一つの単語で表されます。これらは基本的に同じことで、
経済の始まりである「何かを何かと交換する」ということです。合理的
経済人は自分が得をしない限り交換はしないのですから、自由取引が行
われている以上、交易（取引）は必ず Win-Win になり、勝ち負けは生
じません。交易（取引）は、競争ではないのです。

アダム・スミス『国富論（下）』日本経済新聞出版社（2007）
　賢明な家長なら、買う方が安くつくものは自分の家で作らないよ
うにするのが当然である。仕立て屋は靴を自分で作ろうとせず、靴
屋で買う。靴屋は服を自分で作ろうとせず、仕立て屋に注文する。
農民は靴も服も自分では作らず、それぞれの職人に注文する。仕事
に専念し、生産物の一部かその対価で、必要とするものを買うのが
自分の利益になることを知っている。

　このスミスのくだりは「分業論」と呼ばれますが、交易（取引）は、

分業した人々が「生産物の一部」を交換することから始まります。しかし野菜や魚や肉は、早く交換しないとすぐに腐ってしまいます。そこで、生産物の価値を貯蔵し、後からでも使えるようにする、金貨などの貨幣が登場します。貨幣を仲立ちとして物を交換するシステムが貨幣経済です。

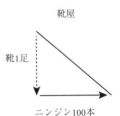
靴1足の機会費用がかかっても、トク！

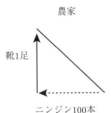
ニンジン100本の機会費用がかかっても、トク！

　上の図の例では、農家はニンジン100本と靴1足の交換を妥当と考える、靴屋もそれを妥当と考えるので交換が成り立ちます。ここで、どちらかがこの交換は自分にとって損だと思うと、交換は行われません。

実教出版『高校 政治・経済』p107
　…あらゆる選択は、さまざまな選択肢のそれぞれについて、便益と費用の比較考量にもとづいて行われる。

　スミスは「人には、あるモノを別のモノと交換するという本質的な性向がある」といい、「犬と犬が熟慮の末、骨を交換するところなど見たことがない」と述べています。類人猿は、互いに毛づくろいをしたり、食べ物を分け合ったりします。しかし、財・サービスの交換は、ホモ・サピエンスだけに観察される特徴です。この特徴のおかげで財・サービスの種類と量は、増加の一途をたどってきました。交換こそが、人類の歴史の始まり、経済の始まりなのです。

ヘロドトスの『歴史』には、アフリカ北部にあった都市国家カルタゴの人々が、その周辺で石器を使っていた人々とどのように取引したかが書かれています[4]。

①カルタゴの人が船に乗って、ある岸辺に着き、自分たちの品物をそこに置く
②自分たちの船に戻り、のろし（合図のための煙）を上げる
③住人がその品物を見に来て、それに相当する金（きん）を置く
④カルタゴ人は金の量に満足すれば帰るが、不満な場合は話がまとまるまでそこにいる。

先史時代の交易を物語るのは黒曜石です[5]。黒曜石は、鋭利な刃物や武器に適していますが、これは火山でしか産出されない石です。火山のある東ヨーロッパのアルメニアから「肥沃な三日月地帯」であるメソポタミアまでは400キロ以上の距離があります。火山から400キロ離れた地点で見つかった打製石器の50％は黒曜石製でした。800キロ離れた地点になると黒曜石製の割合は2％に激減します。つまり、黒曜石は産地のアルメニアから遠ざかるにつれて手に入りにくくなる「貿易商品」だったのです。

メソポタミアは水と土壌に恵まれていたので、麦、魚、羊毛はふんだんに採れましたが、金属、木材、建材用の石がまったく採れませんでした。シュメール人の存亡は、食糧と交換して得るオマーンやシナイの金属、アナトリアやペルシャの花崗岩、レバノンの杉にかかっていたのです。

また、紀元前5000年頃、バルカン半島の石切り場では斧やのみがつく

4　ヘロドトス『歴史』松平千秋訳　岩波書店　2007
5　ウィリアム・バーンスタイン『華麗なる交易』日本経済新聞出版社　2010

第2章　経済学の基本原理　77

られていました。それらの道具はドナウ川の河口や、バルト海、北海に
いたるさまざまな場所で見つかっています。これらは当時すでに「船を
利用した遠距離貿易」があったことを示します。

　ドイツで発見された大昔の墓からは、何千キロも離れたギリシャ製の
土器の破片と宝飾品が見つかっています。

②交易は分業を可能にする

　交易（取引）によって、各自は農耕、縫製、建築といった得意分野の
専門家になることができます。他の人々と貿易することにより、自給自
足より、はるかに多くの財・サービスを、より安くより多く買えるよう
になります。

　原始時代は、人間は狩猟採集と自給自足の生活をしていました。

　現在の私たちは、100円あれば菓子パンを買うことができます。1食
のコメ1合分は50円かかりません。300円も出せば、とりあえず、1食
分のカロリーは十分に得られます。日本人の1人当たりGDPは、
3,837,511円（2014年　国民経済計算）です。1日8時間×250日、すな
わち年間2000時間働くとすると、時給にするとおよそ1900円、1分の稼
ぎは32円です。

　1食分300円はたった10分、コメ1食分は1分30秒働けば食べられま
す。狩りや漁労では、そんな短時間で1食分のカロリーを得るのは不可
能です。それを可能にしたのが交易・交換であり、分業なのです。

日本文教出版『中学社会　公民的分野』p127
商業がないと……「ハンバーグをつくるのに、それぞれの生産者ま
で材料を買いに行こう。」
商業があると……「ハンバーグをつくるのに、小売店まで材料を買
いに行こう。」

日本人は100円の菓子パンを、なぜたった4分弱の労働時間で手に入れられるのでしょう。それは世界中のさまざまな職種の人が、それぞれの専門分野に特化して働く専門家となり、誰よりも効率的に働いているからなのです。あなたが菓子パンを自分1人で作るとしたら、とても4分では作ることができません。

　街にあるコンビニや弁当店、ガソリンスタンド、DVDレンタル店、郵便局……これらもすべて「分業」です。そして、それぞれ取引・交換しているのです。

　私たちは、何らかのサービスを受ける場合は、医療であれ、美容院であれ、塾であれ、経験豊富な人を望みます。そのベテランを育てるのが分業です。分業するから、ベテランになり、技術が上がるといえます。分業しているからこそ、学生は自分の好きな仕事を選ぶことができます。そして、その仕事に打ち込んでやっているうちに、専門家として腕を磨き、社会に貢献できるのです。自分の好きなこと、得意なことをすれば、社会全体の利益は増えるのです。

アダム・スミス『国富論（下）』日本経済新聞出版社（2007）
　生産物の価値が最も高くなるように労働を振り向けるのは、自分の利益を増やすことを意図しているからに過ぎない。だがそれによって、その他の多くの場合と同じように見えざる手に導かれて、自分がまったく意図していなかった目的を達成する動きを促進することになる。…自分の利益を追求する方が…社会の利益を高められることが多い…。

6　通常、市場は経済活動を組織する良策である

とうほう『政治・経済資料2015』p206
マンキュー10大原理　その6

> ⑥通常、市場は経済活動を組織する良策である
> 「市場経済」とは、多くの企業と家計が市場において影響しあいな
> がらもそれぞれの立場で意思決定を行う中で、資源の配分が決定さ
> れる経済である。アダム＝スミスによれば、市場における価格は、
> （「見えざる手」に導かれるように）社会全体の厚生（福祉）を最大
> 化するような結果に導く。

　経済学では、1つ1つの財・サービスごとに存在する仮想の取引シス
テムのことを**市場（マーケット）**と呼びます。市場は、需要と供給を調
整する場所とされます。

　中世、日本でもヨーロッパでも、さまざまな財を取引する場、いわゆ
る「市（いち）」が開かれていました。毎月4日に開かれていた場所が
四日市、毎月8日に開かれていた場所が八日市という地名になっている
ほどです。このような市（いち）は、マーケットの代表例です。

　現在は、このような市（いち）は廃れましたが、スーパーやコンビニ、
デパートなど、いろいろな場所で取引が行われており、その全体を指し
て市場といいます。野菜の市場、家電の市場、くず鉄の市場、株式市場、
通貨市場……これが、1人1人の欲しい財・サービスを素早く届けるシ
ステムです。

①市場は投票行動

　市場と民主主義はとても似ています。市場と民主主義はお互いの比喩
というだけではなく、車の両輪のように深いつながりを持っています。

　市場では、生産者は自身のモノ・サービスが有権者（消費者）に選ば
れるように最大限の努力をします。多くのカネによる票を集めたモノや
サービスが生き残り、失敗したモノやサービスは市場から退出します。
民主主義がその国の方向性を決定するように、市場は経済活動の方向性
を決定します。つまり、市場は、経済の民主主義なのです。「より良い

民主主義」に選挙というシステムと投票行動が必要不可欠なように「より良い市場経済」には、市場における投票行動が必要なのです。

	民主主義システム	市場システム
生産者	政党・候補者は、有権者の支持を集めるように行動する	生産者はモノ・サービスが選ばれるように行動する
消費者	投票行動	カネによる投票行動
原理	選択の自由・公平	選択の自由・公平
メカニズム	支持される政党・候補者が選ばれ、人気のない政党・候補者は落選する	支持されるモノ・サービスを提供した会社が発展し、人気のないモノ・サービスを提供した会社は倒産する

　1917年に誕生し1991年に崩壊した旧ソ連の共産主義システムでは、どの財やサービスをどれだけ生産し、誰がそれらを受け取るかを中央政府が決めて、政府の職員が工場や店を運営していました。一国全体の経済的福祉が向上するように経済活動を決められるのは、中央政府だけだという理論です。市場経済に対して**計画経済**といわれました。

　計画を予定通り遂行し、目標を達成するために（「ノルマ」というのはロシア語です）、すべての企業がわれ先にと原材料や部品などの資材を確保しようとするので、生産手段は常に不足します。ソ連は、宇宙開発や軍需産業にはモノ・ヒト・カネを配分しましたが、永遠の資本不足ですから、結局は、張りぼてのミサイルを並べていました。

　消費財の価格は統制され、いつも需要＞供給となり、長い行列が当たり前になります。買い手より売り手が強いので、品質や生産性を高めようという誘因もありません。市場経済だと、このような供給者は倒産しますが、共産主義社会では倒産はないのです。責任を取る主体がないので、資源不足や、投資過剰に歯止めがかかりませんでした。

育鵬社『新しいみんなの公民』p121

第2章　経済学の基本原理　81

　　資本主義でないしくみとして、…社会全体の消費と生産を計画によって決める社会主義経済があります。ソビエト連邦の強制的な集団農場化や急速な工業化、…相つぐ経済政策の失敗…。

　　多くの人間や組織が多様な欲望と技術をもって活動している社会では、政府による生産量や消費量の決定は大きな無駄を生み、また権力が一部に集中してしまいます。

ソ連計画経済体制の特徴と問題点

| 政府 | 共産党の指導が優先 ➡ 天災や経済危機に対し、遅れる計画修正 |
| | 国営企業・協同組合中心 ➡ 官僚的体質 |

| 企業 | 生産計画（ノルマ）割り当て ➡ 不正横行（誇大報告・資材横流し） |

市場	同じ給与 ➡ 労働者の意欲・創意工夫がない
	価格・量統制 ➡ 資源・生産物の適正配置困難（資材不足・小売店行列）
	自由取引禁止 ➡ 独自の裁量を発揮できず、創意工夫がない

⬇

[慢性的な不足経済]
資本不足　生産手段不足　資源不足……

拙著『図解　使えるマクロ経済学　2014』より

　　市場経済においては、計画経済による中央政府の意思決定は、何百万・何千万の人々や企業によって代替されています。人々は、どの企業で働き、自分の所得で何を購入するかを決めます。人々や企業の行動は相互に影響を及ぼし、価格と量を決め、それらが再び意思決定に影響を及ぼします。不思議なことに、分権的な意思決定にもかかわらず、市場経済は全般的な経済的福祉（厚生）を高めることにおいて、大きな成功

を収めてきました。

ソ連では、人々の欲求を「投票」によって為政者に伝えるシステムがありませんでした。こう考えると「市場システム」が、いかにすごい「情報処理能力」を持っているかがわかると思います。それはスーパーコンピューターの処理能力の比ではありません[6]。何万人、何千万人、何億人もの意思を、何千万人もの生産者側に伝え、流通に伝え、小売り側に伝えています。これが市場システムのすごさです。価格こそが「見えざる手」のシグナルとなって、情報処理をこなしているのです。市場が、いかにすごい人類の発明であるかがわかります。

価格という情報処理システムを持っていなかった計画経済の崩壊は必然です。何億人もの意思決定を、政府が代替できるわけがないのです。選択者が、どんな色の、どんな素材の、どんな形の服を好み、どんな味のどんな量の、どんな食感の食材を好むか、中央政府の官僚には、その情報が入ってこなかったのです。結局、自動車は数種類、自転車も数種類、服も数種類のデザインでしか作ることができませんでした。戦後になり情報化社会は、加速度的に進展しました。情報が計画経済にとどめを刺しました。

アダム・スミスは「利己的な意思決定が見えざる手に導かれ、望ましい結果をもたらす」と表現しました。経済学を学習するにつれて、見えざる手が望ましい結果に導く手段の1つが価格であることがわかります。

政府がこの価格調整を妨害すると、見えざる手の力が弱まってしまいます。人々や企業の持っている情報は価格に示されますが、共産主義の中央政府はそうした情報を持っていませんでした。中央政府が失敗したのは、見えざる手が後ろで縛られていたからです。

6　最短経路をどう求めるか。セールスマンが8都市を回る場合、2520通りの経路を計算しなければなりません。日本が誇るスーパーコンピューターの「京」でも、20都市に増えると6秒かかり、30都市に増えると1400万年かかるそうです（竹内薫「もう一度　ゼロからサイエンス」週刊新潮2015年12月17号）。

7　一国の生活水準は財・サービスの生産能力に依存している

> **とうほう『政治・経済資料2015』p206**
> マンキュー10大原理　その8
> ◎「原理⑧〜⑩」経済は全体としてどのように動いているか
> ⑧一国の生活水準は、財・サービスの生産能力に依存している
> 基本的に、生活水準（生活の豊かさ）を決めるのは、生産性である。

　一般的に、**生産能力**とは企業や国が一定期間にどれだけのものを生み出せるかという能力のことで、それを時間や人数や資本などの単位で割ったものを**生産性**といいます。人、企業、国の生産性の高さが、個人所得、企業所得、国民所得GDPを決定します。この「生産性」こそ、経済のすべてをつらぬく最重要キーワードといっても過言ではありません。

①生産性とは

　生産性には、人の生産性と、機械の生産性があります。2つを合わせて、**全要素生産性（TFP）**といいます。

　人の生産性のことを**労働生産性**といいます。一般的に、新人よりベテランの生産性は高いといえます。新人も、教育や訓練によって生産性がアップします。また、会社の中では仕事を効率的よく分担することで、残業が減り、時間当たりの生産性が上がります

　機械や設備の生産性は**資本生産性**といいます。新型機械を導入すると、速度やスペース効率がアップします。社会的インフラを整備すれば、流通の効率が上がります。また、画期的な発明や発見によって**イノベーション**が起これば、生産性は劇的にのびます。

「第17回　日経フォーラム世界経営者会議」日本経済新聞 2015年11月24日

スイス　エンジニアリング ABB・CEO　ウルリッヒ・シュピースホーファー

自社が持つ経営資源をどう振り分けるかが重要だ。リンゴの木を剪定し、大きな果実を得られるよう人員や資金は集中させなくてはいけない。そのための事業構成の入れ替えは、日常業務の一つに過ぎない。市場や顧客動向、誰のどんなニーズに応えるか、すべての人のために事業を進めれば、物事は平均的に終わり、イノベーションを生めない。

8億人が使う中国ネット　網易（ネットイース）CEO　丁磊

北京には機関投資家やインキュベーターが集まり、毎日多くの企業が誕生している。一番重要なことは絶えずイノベーションを起こすことだ。当社は従業員の創造力を大変重視している。古い思考を打ち破らなければ、イノベーションは起こせない。

多国籍鉱業・資源グループ　リオ・ティント CEO　サム・ウォルシュ

競争力の維持、向上にはイノベーション、コマツと組んで運用する無人トラックでは有人と比べ生産性を12％高めた。世界最多の69台を抱えるが、150台に増やす。無人の長距離鉄道やドリル機、ドローン（小型無人機）も試している。

このような、労働者の技術向上や時間配分調整による生産性の上昇、イノベーションによる生産性の上昇は、生産可能性フロンティアを大きくします。

ある財の生産性が向上すると、他の財の生産性がそのままでも、全体の生産量は増大します。生産性向上により生産可能性フロンティアの三

角形面積が増えるのです。生産量が増えれば、所得が増えます。「生産性の上昇」はGDPが成長する、経済が成長する決定的な要因なのです。

逆にいえば、生産性が高い国＝所得水準が高い国＝（1人当たり）GDPが大きな国というのは、生産可能性フロンティアが大きな国のことです。発展途上国と先進国では、同じ労働者数・労働時間数を投じても、生産できる財・サービスに圧倒的な差が生じます。

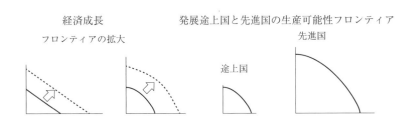

生活水準は、各国の絶対的なGDPの大きさではなく、生産性（1人当たりGDP）に準じます。中国はGDP世界第2位の国ですが、人口が多いのでその生活水準は、日本より低くなります。

2014年、1人当たり名目GDPは、次のようになります。

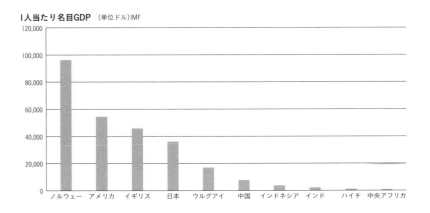

1人当たりGDPの小さな国は、新生児の出生時体重が少なく、乳児死亡率が高く、児童の栄養不良率が高く、生徒1人当たりの教師数が少なく、人口の半数は文字が読めません。テレビ、電話、舗装道路、車、電気のある家庭が少なく、なにより平均余命が低い、つまり長生きできないのです。

マンキュー『入門経済学　第3版』東洋経済新報社（2014）p21、285

　国や時代の違いによって生活水準に大きな格差や変化があるのはなぜだろうか。その答えは驚くほど簡単である。生活水準の格差や変化のほとんどは、各国の生産性の相違によって説明できる。生産性とは、1人の労働者が1時間当たりに生産する財・サービスの量のことである。労働者が1時間当たりに多く生産できる国においては、ほとんどの人が高い生活水準を享受している。労働者の生産性が低い国においては、ほとんどの人がより低い生活水準を甘受しなければならない。1国の生産性の成長率は、平均所得の成長率を決定するのである。

　…国際的なデータは、一国のGDPが国民の生活水準と密接に結びついているということについて、疑問の余地を残さない。

日本は「失われた20年」の間、名目GDPがほとんど成長していません。1994年には世界第3位だった1人当たりGDPは、先進国34カ国が加盟しているOECD（経済協力開発機構）でも、下から数えた方が早い27位になってしまいました。

内閣府「平成22年度経済財政白書」

　日米欧のいずれにおいても、一人当たりGDP成長率に対しては労働生産性の寄与が一貫して最も大きい。一人当たり経済成長率に関しては、労働生産性伸びが決定的に重要である。

長期的に見ると、賃金は労働生産性を反映して決まる。労働生産性の高低が、賃金の高低と強く関係している（日・米・英）。賃金の高い雇用を生み出していくためには、生産性の向上が必須。労働生産性上昇率が高い国ほど、マクロ的な賃金の上昇率が高い傾向。

日本の1人当たりGDPが低い＝労働生産性が低い＝所得が低い＝OECDの中では貧乏国、ということになります。

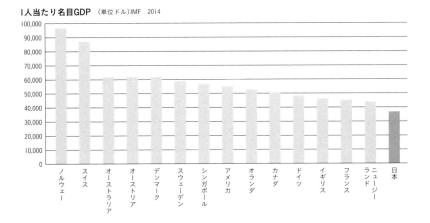

1人当たり名目GDP （単位ドル）IMF 2014

■ビッグマック指数と最低賃金

実教出版『2015 ズームアップ現代社会資料』p275

　モノの値段を国際比較しよう…。世界中のどこでもほぼ同じ品質でコストもあまり変わらないと思われる…マクドナルドのビッグマックで考えてみるとどうだろうか？　…イギリスの経済誌『エコノミスト』が発表している「ビッグマック指数」。アメリカで4.795ドルのビッグマックは、日本では370円（ドル換算で3.64ドル）。370÷4.795＝77.16より、アメリカでの1ドルは77.2円くらいの価値を

持っている計算になる。

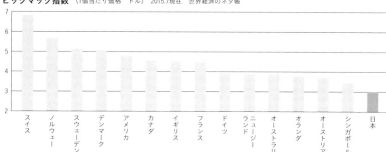

ビックマック指数 （1個当たり価格　ドル）　2015.7現在　世界経済のネタ帳

　日本の感覚でヨーロッパに旅行し、マクドナルドでビッグマックを食べると「物価の高さを痛感」させられることになります。ビッグマックの価格は、各国の1人当たりGDP所得を反映しています。スイスのマクドナルドの時給は2000円を超えています。物価が高いということは、所得も高いということです。

　アメリカ・ニューヨーク州の賃金委員会は2015年7月22日、「ファストフード店で働く人たちの最低賃金（時給）を15ドル（約1850円）にするよう勧告する」と決議しました。今後、ニューヨーク州のファストフード店員の最低賃金は、数年間で段階的に引き上げられることになります。

　イギリスでは、2016年4月から、25歳以上の労働者を対象に最低賃金7.2ポンド（1339円）を全国一律に導入し、2020年までに9ポンド（1674円）に引き上げることになりました。

　ドイツでは、最低賃金8.5ユーロ（1130円）が、2015年1月から導入されています。なんでも徹底するドイツは、輸送のためにドイツを「通過」するだけの、他国のトラックドライバーにもその賃金を適用しています。

■デフレの問題

「所得が低くても、物価が安ければそれでいいのでは？」と思うかもしれませんが、それは大きな間違いです。ファストフードの料金だけではなく、燃料も、資源も、車も、飛行機も、すべて「国際標準価格」で動きます。日本が成長しないと、それらのものは「高くなる一方」になります。実際に輸入車の価格はどんどん上がっており、所得の上がらない日本人の感覚からすると、「高いなあ」と感じるものになっています。しかし、世界ではそれが標準価格なのです。

輸入車　日本販売価格（4月　万円）	2004年	2008年	2012年	2014年
VW　ゴルフ　GTI	325.5	329.0	368.0	383.3
VW　ポロ　1.4・TSIハイライン	203.0	199.0	242.0	246.0

　ロンドン地下鉄の初乗り運賃は、2007年から一律4ポンド＝567円（1ポンド142円換算、2016年1月現在）です。

　これが実態です。日本が成長しないということは、一昔前に東南アジアから日本に来た観光客が「日本の物価は高い」と感じた感覚を、今の日本人が「欧米」に対して抱くことであり、その感覚は今後ますます大きくなるということです。

「日本はもう成長できない」とか、「成長よりも心のゆたかさが大事」という意見もありますが、それは、どんどん日本人の生活レベルが落ちることを意味します。なぜなら、医療や医薬品や、最先端高度技術は「世界標準価格」で動くからです。日本だけが成長しないと、それらは日本にとってどんどん高嶺の花になることを意味します。

　先進国は最低賃金として時給1000円以上を実現しているのに、日本がそうできない理由は日本が「貧乏になっている」からです。ヨーロッパ諸国（オーストラリアやニュージーランド含む）の物価が高く、時給が高いのは、豊かだからです。オーストラリアの人々は、北海道のニセコのスキー場に殺到しています。「安い」わりに効用（満足度）が高いか

らです。

②生産性と所得

吉川洋「地球を読む」読売新聞　2014年12月21日
人々はもともと、生産性の低いところから高いところへ移動していく…。生産性の高低は賃金・報酬の多寡に対応しているからである。生産性が高く賃金水準の高い部門があれば、人はそちらへ移る。

いつの時代、どこの国でも、賃上げが可能となるためには、労働生産性が上がらなければなりません。人々が生産性の低いところから高いところへ移れば、その国の経済全体で平均の生産性は上昇します。生産性が高い、低いというのは、賃金が多い、少ないというのに対応していて、生産性が高く賃金水準の高いところへ人々は移っていくのです。

このように、生産性の水準は、所得水準に直結します。大企業製造業は、従業者数では24.8%を占めるに過ぎませんが、出荷額では53.2%を占め（2013中小企業白書）、所得水準は高くなります。

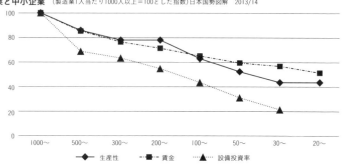

大企業と中小企業　（製造業1人当たり1000人以上＝100とした指数）日本国勢図解　2013/14

大企業の付加価値額（利益）は、中小企業の約2倍です。労働分配率

（企業が生み出した付加価値のうち、人件費として労働者に支払われた割合）は、中小企業が大企業より大きくなっています。中小企業の場合、利益の80％以上が人件費となっています。生産性が高いので、大企業の利益率は、中小企業より高くなるのです。

大・中小企業　生産性　労働分配率　法人企業統計調査

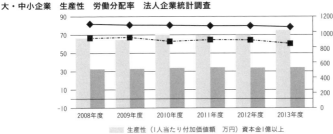

　生産性（所得）と、学歴には相関関係があります。高校生が大学を目指すのは、大学を卒業すると所得が高くなるというインセンティブに基づくものです。日本でもアメリカでも同じです。

学歴　年収　(単位千円)平成24年賃金構造基本統計調査

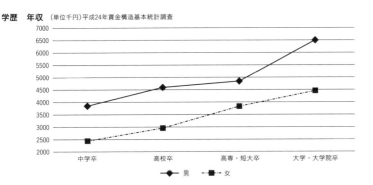

アメリカ2008年平均年収 （単位千ドル）マンキュー経済学I

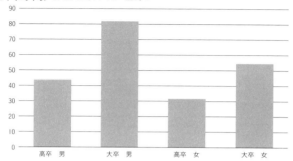

　労働需要（企業側）が、大卒者に有利に変化しているのは、日米共通です。日本では、労働時間において、大卒者の高卒者に対する比率は、86年の29％から、06年には57％に増加しています。米国でも69％→87％に増加しています。さらに、大卒者と高卒者の平均賃金差は、日米ともに拡大しています。高技能労働者への需要増加は今後も続くと考えられ、高等教育の重要性が高まっています。

③機会費用と生産性

　機会費用は生産性を別な角度から見たものといえます。
　前に出てきた生産可能性フロンティア図（p47）の、端の方にあるa点とb点を拡大してみます。

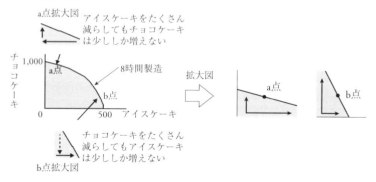

第2章　経済学の基本原理

両者ともに、「効率性」を示すことば

機会費用	⇔	生産性
機会費用：あるものの費用は、それを得るために放棄した、あきらめた価値 点線の矢印はチョコケーキのために放棄したアイスケーキの数。a点は機会費用が高く（もったいない）、b点は機会費用が低い（効率がよい）状態を示す。		生産性：どちらの生産がより得意か Zさん　Aさん Zさんは、最良のアイスケーキ生産者 Aさんは、最良のチョコケーキ生産者 a点は、Zさんまで、チョコケーキ生産に投入している状態。Zさんを投入しても、チョコケーキの生産はほとんど増えない

　生産可能性フロンティアは、生産性を示します。従業員にはそれぞれ得意・不得意（生産性の違い）があります。従業員の得意・不得意は、三角形の形で示されます。Aさんは、最もチョコケーキ作りの得意な熟練者です。逆にZさんは、最良のアイスケーキ製造者です。直角をなす2辺のうち長い方は生産性が高く（得意分野）効率的で、短い辺の方は不得意な分野といえます。

　a点は、その企業の資源を、ほとんどチョコケーキ生産に使用する場合で、すでにチョコケーキの得意な労働者は投入ずみで、さらに最良のアイスケーキ生産熟練者までも駆り出そうというような状態です。これはチョコケーキを生産する機会費用が、とても大きいという状態でもあります。

　このように、機会費用と生産性とは、生産の「効率」を別な角度から表現したものです。機会費用が低い＝効率がいい＝生産性が高いということです。

8　比較優位

　マンキューの10大原理には含まれていませんが、「経済学上の最大の発見」といわれる理論があります。それが、イギリスのデヴィッド・リカードが説いた**比較優位**（**比較生産費説**とも呼ばれます）です。

教育出版『中学社会　公民　ともに生きる』p174

　…なぜ、貿易は行われるのでしょうか。その根底には…国際分業の考え方があります…食物から衣料、機械製品までをすべて自国で生産してまかなうより、例えば機械製品の生産力が高い国は、それに生産力を集中（特化）させて、他国が生産した食物や衣料と交換するほうが効率よい…。

　イギリスの経済学者のリカードは…農業も工業も生産力が高い国であっても、また両方の生産力が低い国であっても、他国と比べ、より生産力が高い産業に特化して貿易をおこなう方が…、国際社会全体の利益が増すと唱えました。これを、比較生産費説といいます。

東学『資料政・経　2017』p372

　比較生産費説　アダム・スミスの分業論との違い

「服屋、靴屋、農夫は、周囲の人よりもたけている分野に全力を投入し、その生産物の一部で、必要なものを買うことがトクになることを知っている」「ピン工場では、1人でピンをつくるより、分業すれば240倍もの生産が可能（国富論）」。スミスは貿易（トレード：交換）と分業の利益をこのように説いた。これは同程度の能力を持つ者同士（大人と大人）の交換・分業論だ。

　これに対しリカードは、なにを作っても不得意な絶対劣位（途上国、零細企業、子ども）者でも、絶対優位（大国、大企業、大人）

第2章 経済学の基本原理

> 者との交換で、必ず利益が生じることを、「比較優位論・比較生産費説」で論じた。今日、自由貿易を論じる際に、その根拠となっているのが、リカードの比較優位論である。

上の資料にも出てくるアダム・スミスの分業論において語られているのは、同じような能力を持った人どうしの分業と交換です。これは直感的にも理解できそうです。

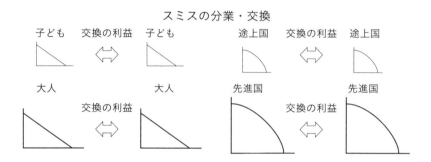

子どもと大人、あるいは途上国と先進国とで比較すると、子どもや途上国はなにを作っても生産性が低い「絶対劣位」、大人や先進国はなにを作っても生産性の高い「絶対優位」の地位にあります。スミスの「分業と交換」論は、同じような生産性を持つ者同士の交換論で、絶対劣位者は絶対劣位者同士、絶対優位者は絶対優位者同士の分業と交換により利益が生じることを説明しています。これは基本的にその通りです。

ですが、これが行き過ぎると、「先進国はすべてにおいて生産性が高いのだから、発展途上国と貿易する必要はない」と考えてしまいます。200年前のイギリスでもそうでした。「自国は豊かな方がいい。相手国は貧しいままでいい」「貿易は、富を奪うもの」という重商主義がまかり通っていました。リカードは、「そうではありません、子供と大人、零細企業と大企業、途上国と先進国となど生産性に圧倒的な差がある場合

でも、『分業と交換』によって必ず利益がもたらされますよ」ということを明らかにしたのです。

では、生産性に圧倒的な差がある場合でさえ自由貿易により利益が生じること、そして、そもそも貿易（交換）は「自由」な状態でないと起こりえないということを、リカードの理論で、学んでいきましょう。

①完全特化の場合[7]

ある国で、新規に農業に参入した新米農家Aさんと、すでに機械化を達成し、大規模な農業をしているベテラン農家Bさんがいます。彼らは、現在、自給自足をしています。主食のコメと、納豆や味噌にするための大豆を生産しているとします。

8時間労働のもとで、Aさんは、コメだけを生産すれば20キロ、大豆だけを生産すれば20キロ作れます。現在は自給自足のため、コメを8キロ、大豆を12キロ生産しているとします。

Bさんは、コメだけを生産すれば30キロ、大豆だけを生産すれば、60キロ作れるとします。現在は、自給自足のため、コメを9キロ、大豆を42キロ生産しているとします。

　8時間の労働で作れる最大の生産量
　　Aさん　コメだけなら20kg 大豆だけなら20kg
　　Bさん　コメだけなら30kg 大豆だけなら60kg

これを生産可能性フロンティアのグラフで表すと、次のようになります。

7　参考文献　R. G. ハバードほか『ハバード経済学Ⅰ入門編』日本経済出版社　2014

第2章 経済学の基本原理　97

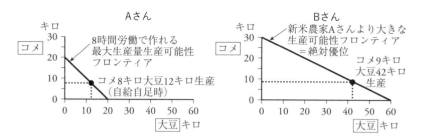

　Aさんは、三角形の面積が小さな**絶対劣位**、Bさんは三角形の面積が大きな**絶対優位**です。両者ともに、「コメの生産を増やそうとすれば大豆の生産をあきらめなければならない、大豆を増やそうとすればコメを減らさなければならない」というトレード・オフの関係にあります。

　両者の機会費用について考えてみます。Aさんは、コメを1キロ生産するのに、大豆1キロの生産をあきらめなければなりません（コメ1キロの機会費用は大豆1キロ）。Bさんは、コメ1キロの機会費用は大豆2キロになります。コメについては、AさんのほうがBさんより機会費用が低いことがわかります。このとき、コメについてはAさんが**比較優位**といいます。

　逆に、大豆を1キロ生産するのにAさんは1キロのコメを、Bさんは0.5キロのコメを諦めるだけでよいので、Bさんが比較優位です。

　それぞれの財を生産するときの機会費用を相手と比較し、自分のほうが機会費用が少ない財に特化して生産・交換すると、自給自足の場合よりも、両者ともに多くの消費ができるようになる、というのが比較優位論です。検証してみましょう。

機会費用　コメ1キロのために何キロの大豆生産をあきらめるか

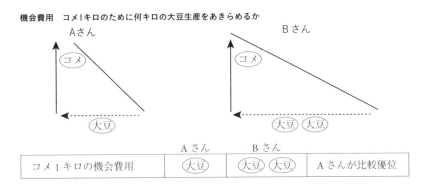

コメ１キロの機会費用	Aさん	Bさん	
	大豆	大豆 大豆	Aさんが比較優位

機会費用　コメ1キロの機会費用で、大豆が何キロ生産できるか

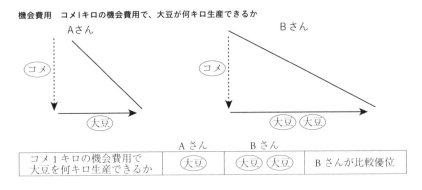

コメ１キロの機会費用で大豆を何キロ生産できるか	Aさん	Bさん	
	大豆	大豆 大豆	Bさんが比較優位

　Aさんは、コメ作りに特化し、20キロのコメを作ります。そのうちの10キロをBさんの大豆15キロと交換します。Bさんは、大豆作りに特化し、60キロの大豆を作ります。そのうちの15キロをAさんのコメ10キロと交換します。そうすると、両者ともに、自給自足の場合より、より多くの消費ができることになります。これが両者が交換によって得る恩恵です。

第2章 経済学の基本原理

	Aさん		Bさん	
	コメ	大豆	コメ	大豆
自給自足	8	12	9	42
特化	20	0	0	60
交換	10 ⑩			⑮ 45
交換後	10	⑮	⑩	45
交換の恩恵	2	3	1	3

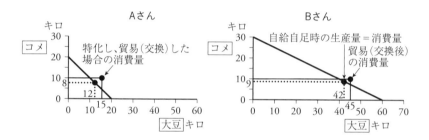

しかも、この交換は必ず「両者ともに得をする」交換になっています。交換は、コメ10キロと大豆15キロの間で行われています。つまり新しい機会費用はコメ：大豆＝1：1.5となっています。

Aさんは、自分で作るより安く（機会費用が低く）大豆が手に入ります。1キロのコメの生産をあきらめても、今までは1キロの大豆しか作れなかったのに、今では1.5キロ手にできます。Bさんも、自分で作るより安くコメが手に入ります。コメを1キロ作るために、大豆2キロをあきらめなければいけなったのが、今では1.5キロですみます。

Aさんの機会費用	→新機会費用←	Bさんの機会費用
コメ：大豆＝1：1	▸ 1：1.5 ◂	1：2

このように、両者ともに「得をする」と思うからこそ交換が行われるわけで、どちらかが「損をする」と思うなら交換は行われません。

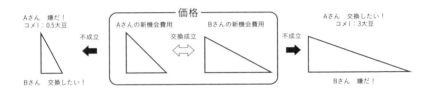

　交換は、両者の機会費用の間で行われます。価格（費用）は両者の機会費用の間で決まることになります。もしも、「コメ1キロと大豆0.5キロを交換したい」とBさんがいっても、Aさんは損だからしません。自分が作った方が得だからです。逆にAさんが「コメ1キロと大豆3キロを交換したい」とBさんにいっても、やはり、Bさんは「それなら自分で作った方が得」と考えて、交換しません。

清水書院『高等学校　現代政治・経済　最新版』p119-

　費用を上回る便益が得られる交換しかおこなわれない。したがって、取り引きは、…必ず双方にとって得である。社会全体での経済的な豊かさや満足度を経済厚生といい、自発的におこなわれる交換や取り引きは、必ず経済厚生を上昇させる。

　自由貿易の場合、必ず両者が得をします。というより、両者が得しない限り交換は成立しないのです。これが自由貿易の恩恵です。貿易・交

換は競争ではありません。

　自由貿易を批判する根拠として、大英帝国当時のイギリスが、自国の綿産業を発展させるために、インド綿興業を壊滅させた（ひどい場合には職人の手を切断した）例や、奴隷貿易の例が使われることがありますが、これらはまったく「自由」な貿易ではありません。自由貿易とは、お互いの自由意志の下に行われた貿易のことをいいます。

　さて、Aさんは絶対劣位、Bさんは絶対優位でした。絶対劣位のAさんも、ちゃんと利益を得ていますね。これが比較優位の神髄です。比較優位の前には、「絶対劣位」「絶対優位」を忘れてしまうのです。

②部分特化の場合

　続いて、すべての時間をコメ生産、大豆生産に振り向けるのではなく、労働時間の一部を振り向ける場合を考えてみましょう。これを部分特化といいます[8]。

　8時間の労働で作れる最大の生産量
　　Aさん　コメだけなら 8 kg 大豆だけなら32kg
　　Bさん　コメだけなら24kg 大豆だけなら48kg

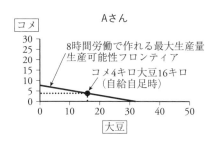
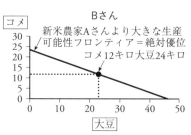

8　参考文献　マンキュー『マンキュー経済学　ミクロ編』東洋経済新報社　2014

Aさんは絶対劣位、Bさんは絶対優位です。先ほどの例よりも、さらに三角形の面積に開きがあり、格差はより大きくなっています。自給自足の現在、Aさんはコメ4キロ・大豆16キロ、Bさんはコメ12キロ・大豆24キロを生産しています。

機会費用

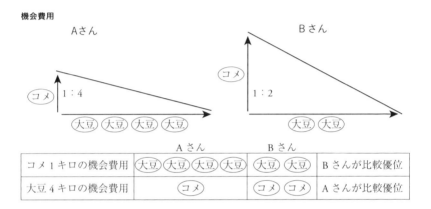

機会費用は、Aさんはコメ：大豆＝1：4、Bさんはコメ：大豆＝1：2なので、大豆についてはAさんが比較優位、コメについてはBさんが比較優位です。Aさんは大豆について完全特化、Bさんはコメについて部分特化し、生産します。

	Aさん		Bさん	
	コメ	大豆	コメ	大豆
自給自足	4	16	12	24
特化	0	32	18	12
交換		17 ⑮	⑤ 13	
交換後	5	17	13	15 + 12 = 27
利益	＋1	＋1	＋1	＋3

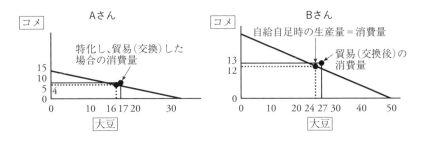

両者ともに、自給自足のときよりも、消費量を増やすことができます。

Aさんの機会費用　　　→ 新機会費用 ←　　　Bさんの機会費用
コメ：大豆＝1：1　　　→　　1：1.5　　←　　　　1：2

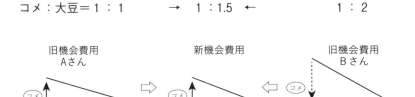

　このように、両者ともに得をするので交換し、利益を得ています。Aさんは、自分で作るより安く（機会費用が低く）コメを手にしています。コメ1キロを作るために、大豆4キロを手放さなければいけなかったのが、3キロですみます。Bさんも、自分で作るより安く大豆を手にしています。1キロのコメで、今までは大豆が2キロしか手に入らなかったのに、3キロ手にできています。Aさんは絶対劣位ですが、交換によって確実に得をしています。

③単位当たり労働力で比較する場合

　では、続いて、同じ生産量（オレンジ1トン、自動車1台）に対して、労働者を何人使用するかという機会費用＝生産性の例を見てみましょう。

実教出版『2015 ズームアップ現代社会資料』p272

世界にアメリカと日本の2か国しかないとする

	オレンジを1トン作るのに必要な人数	自動車を1台作るのに必要な人数
アメリカ	3人	6人
日本	2人	2人

上記の場合の生産可能性フロンティアは、次のようになります。

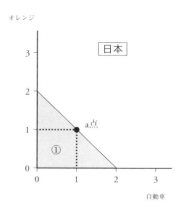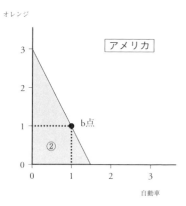

図の三角形部分①・②の斜辺が、両国の生産可能性フロンティアです。自給自足の場合、生産可能性フロンティアは、同時に両者の消費可能性フロンティアでもあり、これが両国の消費者にとって、最大の消費量になります。現在は、両国ともにa点・b点の生産をしています。

オレンジ1トンを生産するために、日本では自動車1台の機会費用が、アメリカでは自動車0.5台の機会費用がかかります。比較すると、オレンジの生産についてアメリカが比較優位であり、逆に自動車については、日本が比較優位になります。

第2章　経済学の基本原理

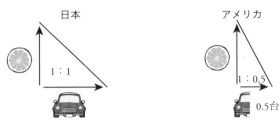

	日本	アメリカ	
オレンジ1トンの機会費用		0.5台	アメリカが比較優位
自動車1台の機会費用			日本が比較優位

そこで、日本は、比較優位な自動車の生産に特化し、アメリカはオレンジの生産に特化します。そうすると、日本では自動車が2台（A点）、アメリカではオレンジが3トン（B点）生産できることになります。

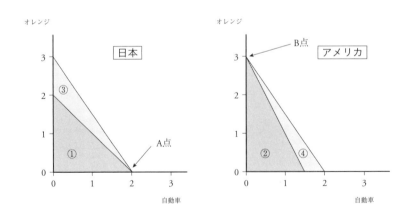

特化後貿易（交換）すると、両国国民の消費量はそれぞれ①・②の部分から、③・④の部分に拡大します。この拡大した三角形部分が、貿易による利益です。自給自足時よりも、より多くの消費ができることにな

ります。

日本の機会費用	→新機会費用←	アメリカの機会費用
オレンジ：自動車＝1：1	→ 1：1.5 ←	1：2

　日本は、オレンジを1トン生産するためには、自動車生産を1台あきらめなければならなかったのですが、0.67台あきらめるだけでよいことになります。アメリカはオレンジ1トンを生産するには、0.5台の自動車しか手に入らなかったのですが、0.67台を手にすることができます。両者ともに、今までより安い価格で手にできるようになります。

　自給自足の場合、「生産量≧消費量」になり、生産した量以上には絶対に消費できません。ところが、機会費用の低い（生産性の高い）ものに特化すると、「生産量＜消費量」になり、両国ともに、必ず利益がもたらされることになるのです。労働者数が変わらず、総労働時間も変わらないのに、ともに豊かな生活を楽しめることになります。

④リカードのオリジナルの例

　リカードが考案したオリジナルの事例も、1単位当たりの労働者数による比較優位を示すものでした。1単位というのは、ワインなら100樽でも1トンでも適当な数を想定してかまいません。

　当時の大国はポルトガルです。ポルトガルは何を生産するにしても、イギリスより少ない人数でこなせる、つまり生産性が高い先進国（絶対優位）です。それに対してイギリスは何を生産するにしても、ポルトガルより多くの人数が必要な、生産性の低い発展途上国（絶対劣位）です。

	ワイン1単位を作るのに必要な人数	ウールを1単位作るのに必要な人数	ワイン生産量	ウール生産量
ポルトガル	80人	90人	1単位	1単位
イギリス	120人	100人	1単位	1単位

第 2 章 経済学の基本原理

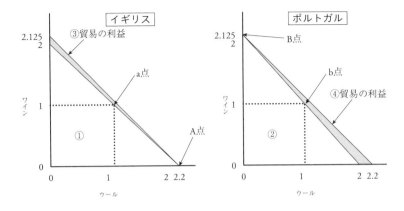

　特化前は、図の三角形①・②の斜辺部分が、両国の生産可能性フロンティアです。自給自足の場合、両国ともに a 点・b 点でワインを 1 単位、ウールを 1 単位の生産し、国内で消費しているとします。世界全体のワイン生産量は 2 単位、ウールも 2 単位です。

　大国ポルトガルの場合、ワイン 1 単位生産に80人費やし、ウール 1 単位生産に90人費やしています。小国イギリスの場合、ワイン 1 単位生産に120人費やし、ウール 1 単位生産に100人費やしています。ウール 1 単位についての機会費用は、イギリスでワイン0.83単位なのに対し、ポルトガルはワイン1.125単位なので、イギリスが比較優位です。ワイン 1 単位についての機会費用は、イギリスでウール1.2単位に対し、ポルトガルはウール0.89単位なのでポルトガルが比較優位です。

　そこで、イギリスは、比較優位であるウール生産に特化し、ポルトガルはワイン生産に特化します。そうすると、イギリスではウールが2.2単位（A 点）、ポルトガルではワインが2.125単位（B 点）生産できることになります。

機会費用

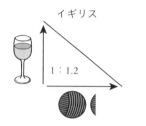
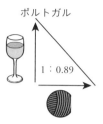

	イギリス	ポルトガル	
ワイン1単位の機会費用	ウール1.2単位	ウール0.89単位	ポルトガルが比較優位
ウール1単位の機会費用	ワイン0.83単位	ワイン1.125単位	イギリスが比較優位

　特化後貿易（交換）すると、両国国民の消費量は①・②から、③・④に拡大します。この拡大した三角形部分が、貿易による利益です。自給自足時よりも、より多くの消費ができることになります。

　このように貿易は、絶対劣位の途上国と、絶対優位の先進国の間でも、必ず利益をもたらすのです。人や企業や国は、絶対優位の立場に立つことはできますが、原理的に、両方の財に比較優位を得ることは無理なのです。そうすると、途上国にも必ず利益が生じることになるのです。

　実際には、企業や国の生産性フロンティアは、個人の例やリカード例のような直線ではなく、曲線になります。

　その場合の、貿易の利益は右記のようになります。自給自足の場合は、その国の生産可能性フロンティア＝消費可能性フロンティアであり、「生産量≧消費量」になりますが、輸出入をすることによって、「生産量＜消費量」になります。

国家間の貿易利益

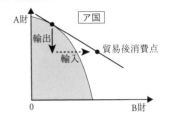
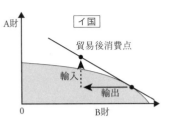

　図の、貿易後に消費できる量を示した貿易後消費点は、貿易前の扇形の両国の生産量以上に、消費量が大きくなっている点を示します。つまり、自給自足の生産量＝消費量よりも、貿易後の消費量が大きくなるのです。これが貿易による利益です。

　イ国のように生産可能性フロンティアが曲線になる場合、x軸とy軸に極端に近くなるほど機会費用が膨大になります（＝生産性が低下する）ので、実際には完全特化には至ることはありません。図のア国の場合、A財生産の極限（Y軸近辺）に至るほど、B財を失う機会費用がどんどんかかってしまいます。B財生産が得意な人まで、強制的にA財生産に投入するような状態です。大変非効率になりますから、完全特化には至らないのです。

　スミスの定義によると、交換とは「生産物の一部かその対価で、必要なものを買う」ことです。交換のおかげで、より多くの消費ができるようになるだけではありません。それぞれが得意なことに集中することで、結果的に、両者の生産性を向上させるのです。労働者数や労働時間を増やさずに、世の中全体を豊かにするということが、自由貿易の素晴らしいところなのです。

　ちなみに、リカード理論は機会費用に基づいた貿易理論であって、国と国どうしの貿易はその一例にすぎません。そもそも、国は貿易の主体（主人公）ではないのです。経済の主人公は個々人や企業であって、国はモノ・サービスの出入りを、国境を基準に記録する「出納責任者」に

すぎません。貿易を、国と国の勝負や競争などの枠組みで表現すること
自体、まったくナンセンスです。

P. クルーグマン他『クルーグマンの国際経済学㊤』ピアソン桐原（2010）p35

比較優位そのものは単純な概念だが、多くの人々にとっては理解する
のが（あるいは受け入れるのが）驚くほど困難な概念であること
はこれまでの経験が示している。……国際貿易のモデルの構築に多
大な貢献をしたノーベル賞経済学者のポール・サミュエルソンもこ
う述べている。「比較優位は、経済原則として否定しようのない事
実であるにもかかわらず、賢明なる諸氏でさえ完全に納得している
わけではないものとして、自分が承知しているなかで最も典型的な
例である。」

比較優位とは、相手国との競争力比較ではなく、国内産業における
「生産性」競争のことなのです。もし競争があるとすれば自分自身との
競争です。

中北徹『エコノミクス　入門　国際経済』ダイヤモンド社（2005）p 7

……一国経済における生産性上昇率の相対的な順位が重要なのです。
したがって、比較優位にもとづく産業・貿易論の本質は "ランキン
グ競争" であるといえます。ここに比較優位であって、絶対優位で
はないと強調する意味があるのです。

こうした意味では、ある輸出産業や企業にとってのライバルが存
在するとすれば、それはむしろ日本国内において台頭する、優れた
商品分野であり、あるいは成長産業そのものであって、本当は海外
の製品ではないのです。

第 2 章 経済学の基本原理

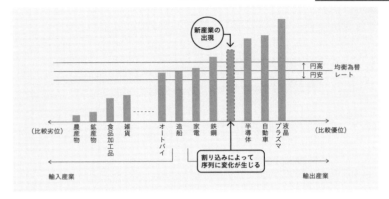

p10
応用物理の専門家である北澤宏一氏……「輸出における真のライバルは日本国内に台頭する輸出競争力により優れる他製品であり、海外の低労働コストではない」と強調しておられます。著者はこれを読んで驚嘆しました。ここに比較優位の原理の神髄を看破する日本の技術者の鋭い洞察眼が示されていたからです。

みなさん自身が比較優位を実践することで、世界全体が豊かになっているということの方が、よっぽど重要なことなのです。

川越敏司『現代経済学のエッセンス』河出書房新社　2013　p58
比較生産費説は、国々の間での貿易の発生や市場での交換の発生を説明するだけでなく、これを応用すれば、生産活動において分業が発生する理由も説明できます…経済学の中でも比較的まれな、常にどこでも成立する自明ではない（引用者注：自明＝直観的に理解できる「太陽は東から上り西に沈む」とは違い、天動説のように「理論を勉強しないとわからない」という意味）偉大な法則なのです。

第3章　市場のしくみ

帝国書院『社会科　中学生の公民』p106

　あなたが、…パンを買う（消費）。パン屋さんは、材料を買い、パンをつくって売る（生産）。電車に乗る、…美容院で髪をカットしてもらったりシャンプーをしてもらったりして料金を支払う。…このようにお金を使ってさまざまなモノやサービスが生産され、消費されています。この生産と消費を中心とする人間の活動を経済（経済活動）といいます。経済活動が活発になれば、人々の生活は豊かになります。

　農家でも、個人商店でも、スーパーでも、大規模な工場でも、みな「希少な資源をいかに有効活用するか」を考えます。原材料や電気代、燃料代を無駄にしません。昼食時のレストランでは、厨房やホールの人数を多めにし、工場ではラインの適切な人員配置を考えます。工場でもレストランでも、仕事場を整理整頓するのは、必要なものを最短時間で手にとれるようにして、時間を節約するためです。

「一歩、一秒、一円」というスローガンを掲げる工場もあります。ムダな1歩は、1秒の時間を浪費し、1円のコストがかかるという意味です。時間は希少資源であることを示しています。アメリカ独立の父といわれるベンジャミン・フランクリンによる "Time is money." という格言もあります。

　消費者は、限られた資源、時間や所得を有効に活用し、自分にとって

一番望ましい状態になるように「何を」「どれだけ」購入するかを決定しています。「購入」せず「貯蓄」を選択することもあります。

　企業は、時間や利益を有効に活用し、自分にとって一番望ましい状態になるように、労働力として「どんな人を」「何人」雇うかを決定します。人を雇わずに、将来の設備投資やM&A（企業の買収合併）などに備える資金をとっておくこともあります。このように、生産者（供給）側も、消費者（需要）側も、希少な資源を、いかに有効に活用するかを考えています。

　では、それら限られた資源を社会全体で効率よく活用する方法、適切に配分する方法とはなんでしょうか？　それが「市場経済」なのです。

育鵬社『新しいみんなの公民』p106
　…デパートやスーパーは、いつでも私たちが買いたいと思う商品を店にそろえ、…販売できる…。このような活動は、政府などによって細かく命令されて行われているのではありません。生産者や販売者や消費者などのあいだの自由な売買によって成り立っているのです。

帝国書院『社会科　中学生の公民』p109
　私たちの生活では、つねにこのような選択をしていますが、ではどのような選択が望ましいのでしょうか。それは家計、企業、政府それぞれの欲求を最も満足させるような資源の組み合わせを選ぶことです。そのことを、資源の効率的な配分といいます。

　市場は、「資源を効率的に配分する」システムです。すでに第2章で説明したように、旧ソ連の官僚はおろか、スーパー・コンピューターを使っても、真に効率的な配分はできません。それを一手に引き受けているのが、需要と供給を調整する市場なのです。

帝国書院『社会科　中学生の公民』p109

どの移動手段を選択する？（東京から福岡へ行く場合）

Ａ．飛行機の場合（およそ１時間50分　36,800円）

「仕事がいそがしいので、お金がかかっても早くつける飛行機を選びました。」

Ｂ．新幹線の場合（およそ５時間　22,500円）

「飛行機に乗るほど急いでないし、新幹線からの風景も旅の楽しみです。」

Ｃ．夜行バスの場合（およそ14時間　15,000円）

「お金はないけど時間はあるので、夜行バスを選びました。」

それぞれの人が、お金や時間を考えて、自分の目的にあった移動手段を選択しています。

移動手段の例では、それぞれの消費者（需要側）が、お金と時間という希少な資源をどのように使うか、選択しています。

東京書籍『新しい社会　公民』p124

　市場経済では、価格が上下することによって、人々が欲しがっている商品は多めに、あまり必要としていない商品は少なめに生産されるしくみになっています。ちょうど交通信号機が色を変えることによって人や車の流れを調節するように、価格という信号は、上がり下がりすることによって、労働力、土地、情報、資金などの生産資源の流れを調節し、政府の計画がなくても、生産資源がさまざまな用途に適量だけふり分けられるのです。

日本文教出版『中学社会　公民的分野』p128

　財やサービスの売り手は、人件費・原材料費・機械設備の維持費

用など、生産にかかった費用（生産費）に見合う価格がつかなければ、ふつうは財やサービスを供給しようとはしません。

　移動手段における供給側（生産者）について考えてみましょう。乗り物を製造するための鉄やプラスチックといった原料、運行するための資源エネルギーや人は、必要に応じて見事に配分されています。必要なところには必要なだけの乗り物があり、必要な人員が配備され、電源や燃料も過不足なく調達されています。採算が取れないと判断された場合、その路線は廃止され、他の路線へと資源が移っています。

　このような市場のしくみは、交通機関だけではなく、すべての財・サービス市場で働いています。結果、1億2000万人の生産者・消費者の使う資源を、市場は見事に配分しているのです。

　今のところ、市場以上に効率的に資源を配分するシステムはありません。価格がシグナルとなって、資源の流れを調節しているのです。

清水書院『高等学校　新政治・経済　最新版』p84
　本を買うとき、価格がついていなかったらどうなるか。第一に、その本の経済的な価値がわからない。それでも、みんながその本を欲しいと思ったときに何がおこるだろうか。じゃんけんで決める、早いもの順で自分のものとする、…オークションで決める方法…みなさんだったら、これらの方法のどれがよいと思うか…社会全体では、どんな方法を取れば財やサービスを一番スムーズに欲しい人に分けることができるだろうか。

1　需給曲線とは何か

　市場が価格をシグナルとして需要と供給を最適に調整するしくみを表すモデルとして、最も有名なのが需要曲線と供給曲線です。2本の曲線

が交わるグラフは、誰でも一度は目にしたことがあるでしょう（p26参照）。

これらの曲線はどのようにして導き出されているのでしょうか。また、資源の最適な配分について、これらの曲線から何がわかるのでしょうか。

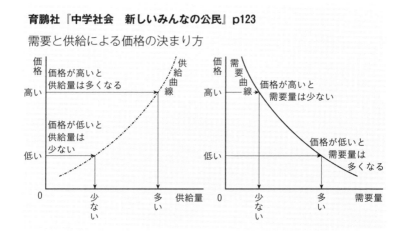

育鵬社『中学社会　新しいみんなの公民』p123
需要と供給による価格の決まり方

この需給曲線で描かれる市場には、需要者（買い手）も供給者（売り手）も無数にいます。全員が市場価格を受け入れる立場にあり、価格決定権がありません。このような市場は**完全競争市場**といわれるものです。

たとえば、鶏卵市場です。売られている卵は基本的にすべて同じです（「ヨード蘭光」や「伊勢の卵」などのブランド卵は含みません）。家庭用や業務用として使われる汎用卵です。

日本養鶏協会（平成25年2月1日現在）			
需給量262万9千トン(H24)	飼養戸数2,650戸	1戸当たり飼用羽数	50,221羽

卵の価格は、農家が販売する卸売市場、消費者の購入する小売市場で決まっています。

農家Ａさんが「ウチの卵、キロ当たり1円高く売りたい」といっても、

Aさんの販売量450トンは、全体の需給262万9000トンに対してあまりにも小さく、価格交渉力がありません。Aさんは、市場への卸売り価格177円／kgを受け入れるしかありません。縦軸を価格、横軸を取引量としてグラフに示すと、価格177円で水平の直線になります。これが需要曲線のもっとも単純な形です。基本的にたくさん出荷しようが、少なく出荷しようが、取引価格が変わらないのです。

一方の消費者Bさんも、「僕は卵を10パック買うから、1パック1円安くして」とスーパーのレジでいっても、売ってもらえません。他にもお客さんはたくさんいるからです。Bさんの立場を、先ほど同様、縦軸を価格、横軸を取引量としてグラフで示すと、216円／Lサイズ10玉の水平直線になります。こちらは供給曲線のもっとも単純な形です。

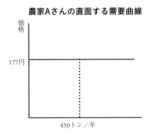
農家Aさんの直面する需要曲線

買い物客Bさんの直面する供給曲線

このように、市場の前では存在が小さすぎて、価格を受け入れるしかない立場を**プライス・テイカー**といいます。この完全競争市場とは、次のことを前提条件にした市場です。

> **山川出版社『詳説　政治・経済』p120**
> 市場による資源配分が効率的に行われるには、
> (1) 需要者・供給者とも多数で、価格支配力を持たず（プライス＝テーカー、価格需要者）、
> (2) 需要者・供給者とも市場や商品に関する完全な情報を持ち、

（3）財が同質で、製品差別化がなされておらず、

（4）参入・退出が自由に行われる、

という条件が満たされる必要がある（完全競争市場）。

　ただし、これはあくまでも理論上の話であり、上記の条件を満たす市場など、実際にはこの世にありません。すべての商品がまったく同じもので、誰もがその商品の情報を知っているという条件にも無理があります。

清水書院『政治・経済資料集2015』p227
…こうした完全競争市場は、理論的モデルであって現実には存在しない。…にもかかわらず、完全競争市場を理解しなければならないのは、それが市場構造を評価するベンチマークだからである。現実の企業が直面するほとんどの市場は、完全競争市場の条件のいずれかを欠いている不完全競争市場なのである。（『アメリカの高校生が学ぶ経済学』（WAVE出版）より）

　これは、まずは摩擦や空気抵抗をゼロとして考える、高校の物理と同じです。そこからスタートすることで、徐々に高速鉄道に必要なブレーキ能力といった複雑なものまで計算できるようになります。

　完全競争市場の想定も同じです。この市場は、「市場メカニズム」を評価するための基準点であり、もっとも理想的・効率的な状態です。この対極には、もっともまずい、非効率的な状態である独占市場があります（後ほど解説します）。こちらも、政府が独占的な事業を認めている場合を除き、実際にはほとんど存在しません。完全競争市場も独占市場もともに非現実的な市場ですが、もっとも効率的な状態と、もっとも非効率的な状態を基準点にすることによって、実際の市場を評価することができるのです。

第3章　市場のしくみ　119

　完全競争市場に近いものとしては、円やドルを売買する外国為替市場、野菜や果物・魚などの生鮮市場、パルプやくず鉄、石油やボーキサイト、小麦や塩などの素材市場があります。

①需要曲線の導出

> **「物価の優等生」に異変　日本経済新聞　2015年6月27日**
>
> …タマゴの価格に異変が起きている。…今年は高値が続く。6月の卸値は過去5年平均と比べ3割高い。生産者が円安による飼料高を転嫁している。生産者の淘汰が進み売り手の価格交渉力が強くなった面もある。影響は小売店にも波及している。…従来は10個入りを180円（税抜き）程度で販売していたが、販売を一時中止とした。やや高いビタミン強化卵（同188円）に置き換えた。

　消費者は価格に対して非常に敏感です。上の報道からも、価格が需要量（購入量）に影響を及ぼしているのがわかります。完全競争市場では誰もがプライス・テイカーでしたが、さまざまな理由から価格は変動します。上の例ではエサ代の高騰ですが、気候変動、地域の政情悪化など、要因はさまざまです。

　さて、財やサービスの価格が安くなると何が起こるでしょうか。第2章に登場した、お小遣い1000円、アイス1個200円、チョコ1個100円のときの予算線を振り返ってみましょう。アイスが値下がりし、今まで1個200円だったものが100円になったとします。

　1000円という予算は変わりませんが、アイスを購入できる個数が増えたため、予算線が動きます（p42参照）。商品の価格が安くなるというこ

とは、私たちの商品購入の、選択肢が拡大するということです。見方を変えると、実質的に所得が増えたのと同じです（これを所得効果といいます）。

逆に、ある商品の価格が上がると、それまでと同じ量・個数が買えなくなるので、買うのを我慢したり、買う量を減らしたりしなくてはなりません。

現在、コンビニのドリップコーヒーが1杯100円程度で販売されていますが、これが300円に値上がりすると、毎朝買うわけにはいかなくなります。それは極端な例としても、実際には数％の値上がり、値下がりにすぎなくとも、購入される量は大きく変動します（ガソリンがいい例です）。

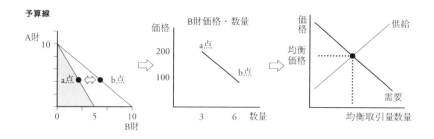

価格の変動によって、量が変動します。この図は、第2章に出てきたチョコとアイスの予算線と同じものです。チョコを一般的なA財、アイスをB財にしたものです。

ここでは、B財に焦点を絞ります。B財の価格が200円のときは3個しか購入できませんが（a点）、価格が100円になると、6個を購入できるようになります（b点）。このときのa点とb点をグラフに書くと、真ん中のグラフになります。これが、買い手の需要曲線です。財の価格が変動すると、買い手は需要量を変化させることがわかります。価格が下落すると、消費量が増えるのです。LEDのような、各種家庭電化製

品もそうです。最初に登場したときは、高価格なので少量しか売れませんが、価格が下落するに従い、需要量が増大するのです。

②供給曲線の導出

> **「非住宅太陽光の認定量、半年ぶり減―FIT価格低下や認定抹消で」電気新聞　2015年8月13日**
> 　非住宅太陽光発電の4月末の設備認定量が半年ぶりにマイナスに転じた。FIT（再生可能エネルギー固定価格買取制度）の価格引き下げ…が影響した。
> 　…認定量の減少は、出力400キロワット以上の太陽光発電について、土地と設備が決まらない事業案件の認定抹消が進んだことが一つの理由。もう一つの理由はFIT買い取り価格の低下と、価格決定制度の変更に関係する。

10kw以上　太陽光発電　買取価格			
年度	2012年度	2013年度	2014年度	2015年度
買取価格	40円＋税	36円＋税	32円＋税	29円＋税
買取期間	20年間	20年間	20年間	20年間

　再生可能エネルギーの固定価格買取制度は、太陽光発電等によって生み出された電力を、固定価格で一定期間、電力会社へ売電することができる制度です。2012年からスタートした当初は、固定価格の高さから多くの太陽光発電事業者や投資家が殺到しました。その後、価格は見直され、年々低下したので、事業者や投資家は潮が引くように退出していきました。この固定価格は、市場で決まる価格ではありませんが、プライス・テイカーである供給者が、どのように動くかを示す事例ともいえます。

　市場価格を受け入れる企業では、「価格が高くなると生産量を増やす」という行動をとります。なぜそうするのでしょうか。

企業が生産する目的は「利潤（もうけ）の最大化」です。これは個人経営のラーメン店であろうが、世界をまたにかけるトヨタのような多国籍企業であろうが、同じです。「収入－費用＝利潤」です。その利潤が最大となるのが、限界費用と限界収入（生産に最後の1単位を追加したときの費用と収入）が一致する点になるのです。

帝国書院『アクセス現代社会 2015』p170

価格はどのように決まる？

解説　限界費用とは、ある一人の売り手が商品をもう一単位つくるのにかかる追加費用をいう。左の図では、ケーキ会社が従業員を増やしてケーキの生産量を増やすと、当初は大量生産により限界費用が下がる。しかし、工場設備はそのままなので、さらに従業員を雇ってもそれに見合って生産量を増やせなくなり、限界費用は上昇に転ずる。このように、限界費用は一定の生産量までは低下するが、その後は上昇しやすい。

①限界費用とは？

※ここでの価格は1個分ではなく、1単位（＝1000個）あたりの価格

生産量	1000個 （1単位）	2000個 （2単位）	3000個 （3単位）	4000個 （4単位）	5000個 （5単位）
総費用	200万円	380万円	540万円	740万円	1000万円
限界費用	180万円	160万円	200万円	260万円	

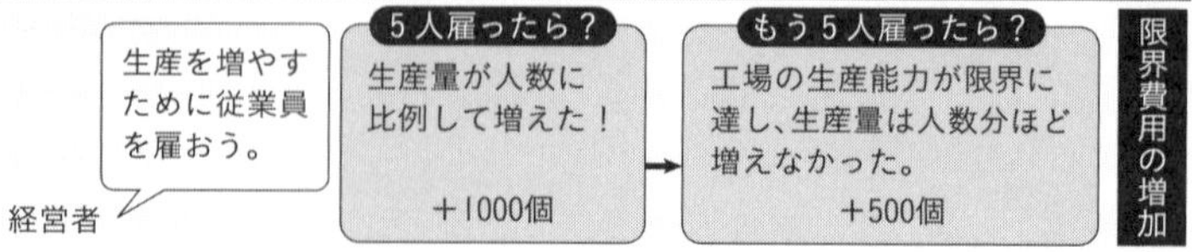

経営者：生産を増やすために従業員を雇おう。

5人雇ったら？ 生産量が人数に比例して増えた！　＋1000個

→

もう5人雇ったら？ 工場の生産能力が限界に達し、生産量は人数分ほど増えなかった。　＋500個

限界費用の増加

解説　限界収入とは、ある一人の売り手が商品をもう一単位つくって売ったときに得られる収入をいう。左の図のうち、完全競争市場では、多数の企業が競争をしており、いくら商品を供給しても価格に影響はない。そのためケーキを生産し、260万円で売れれば260万

第3章　市場のしくみ　123

円の限界収入が得られる。そして、さらに生産を増やしても、限界収入と価格はつねに一致している。

②限界収入とは？

完全競争市場：限界収入＝価格

※ここでの価格は1個分ではなく、1単位（＝1000個）あたりの価格

完全競争市場	販売量	1000個（1単位）	2000個（2単位）	3000個（3単位）	4000個（4単位）	5000個（5単位）
	価格	260万円	260万円	260万円	260万円	260万円
	総売上額	260万円	520万円	780万円	1040万円	1300万円
	限界収入	260万円	260万円	260万円	260万円	

解説　企業は利益が最大になるように生産量を決定する。商品をもう一単位つくって売ったときの収入（限界収入）ともう一単位つくったときにかかる費用（限界費用）が同じなら、これ以上利益は増えず、企業はそこで生産をやめる。

■限界費用

　前章に登場した、チョコケーキを生産しているお菓子屋さんを考えてみましょう。バレンタイン・デーのある2月は、チョコケーキも大変よく売れます。そこで、お菓子屋さんでは、パティシエ専門学校に通う学生をアルバイトに雇って、増産するとします。

　店主1人だけでケーキを作っていたところから、アルバイトを1人2人……と増やすと、チョコケーキの生産は増えていきます。電気・ガス・水道代、原材料費、アルバイト代など、チョコケーキを1つ追加生産したときにかかる費用が限界費用です。

　この限界費用は、最初はとても抑えられます（効率がいい）。1人、2人とアルバイトを増やすにつれ、効率よく生産できるようになります。小麦粉と卵を混ぜて生地を作る作業や、生地をオーブンで焼く作業をアルバイトに任せれば、店主はケーキの仕上げの装飾だけに専念でき、チョコケーキの生産量は増えます。「追加費用あたりの生産量が多い」、あるいは「生産量の割に追加費用が低い」状態といえます。

しかし、アルバイトの人数を増やせば増やすほどいいというわけではありません。もともと店主1人でやっていたお店ですから、厨房や作業台の面積も狭く、オーブンの数も少ないままです。アルバイトを増やせば増やすほど、作業効率はどんどん落ちていくことがわかると思います。20人にもなると立つ場所もなくなるほど非効率なので、そんな雇いかたはしないでしょう。いわば「追加費用あたりの生産量が少なくなる＝生産量の割に追加費用が高くなる」状態です。これを**限界費用逓増**といいます。

この費用を、グラフにまとめると、次のようになります。総費用は、追加（可変）費用と固定費用の合計です。固定費用である、店舗の内装費や、厨房の機材費は、お店をオープンするときにかけた費用ですので、一定です。追加（可変）費用が、生産を増やせば増やすほど増えるバイト代や光熱費、原材料費などです。

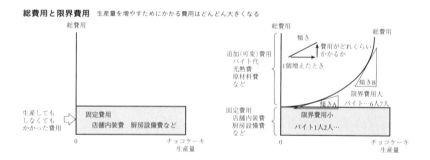

総費用と限界費用　生産量を増やすためにかかる費用はどんどん大きくなる

限界費用が低いとき、傾きはAのようになだらかです。バイトを1人2人と増やすにつれ、生産量はグングン増えます。一方、狭い厨房にバイトが6人7人とひしめき合うようになると、傾きはBのように急になります。生産量は増えていますが、チョコケーキ1個当たりにかかる費用（限界費用）はさらに増えています。

■限界収入

「限界収入」とは、チョコケーキを1つ追加生産したときに得られる収入のことです。

　完全競争市場の場合、この菓子店はケーキの市場価格を受け入れるだけで、自ら決めることはできません。チョコケーキが1個3000円だとすると、総収入は3000円×売れた個数（価格×数量）になります。

　完全競争市場の場合、収入は「価格×数量」なので、限界収入は単純に価格と等しくなります。

限界収入 完全競争市場の場合、限界収入＝価格

■利潤の最大化

　収入のグラフと、費用のグラフを重ねてみます（p126の図参照）。「収入－費用＝利潤」ですので、2つの線の間隔の最大部分が、この菓子店にとって、一番利潤が大きくなる点、すなわち総費用と総収入の差が、最大になっている点です。あと1個でも生産量を増やしたり減らしたりすれば、もうけが少なくなるという点です。

　このA点で、限界収入と限界費用は一致しています。完全競争市場の場合、「限界収入＝価格」でしたので、「価格＝限界費用」の点が、最大利潤の点となります。この時、三角形の傾きが一致していることがわかります。限界収入の傾きと、限界費用の傾きが一致する点が、最大利潤の点なのです。

利潤が最大化する点 （収入−費用＝利潤）

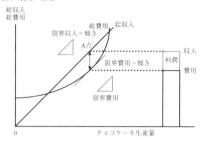

帝国書院『アクセス現代社会 2015』p170

解説　企業は利益が最大になるように生産量を決定する。商品をもう一単位つくって売ったときの収入（限界収入）ともう一単位つくったときにかかる費用（限界費用）が同じなら、これ以上利益は増えず、企業はそこで生産をやめる。

　続いて、チョコケーキの市場価格が上がった場合を考えてみましょう。たとえば、1個3000円のケーキが、5000円に値上がりしたとします。その場合、総収入の直線（価格×数量）は、次の図のように傾きが急になります。

チョコケーキの価格が値上がりした場合

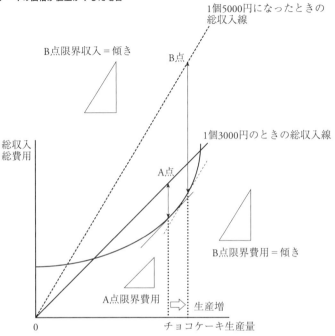

　A点部分では、生産を増やすことにより、さらに利潤が大きくなります。総収入線と総費用線の間隔の最大部分が利潤が一番多い点なので、さらに利潤を拡大させることができるからです。結果、新しい最大利潤の点は、B点になります。新しい限界収入の傾きと新しい限界費用の傾きとが一致する点です。

　このようにして、生産者は利潤を最大化するために、価格が上がると生産量を増やすのです。これが供給曲線です。

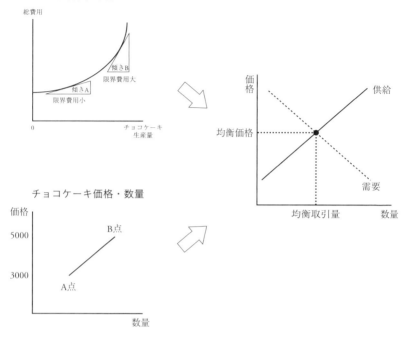

　と同時にこの供給曲線は、限界費用（傾き）を結んだ、限界費用曲線ともいえます。

　供給曲線は、A点の限界費用とB点の限界費用を結ぶ、限界費用曲線でもあるのです。「限界費用逓増」なので、右上がりになります。

③需給曲線の合計

　今までの需要曲線・供給曲線は、1人のある供給者と1人の需要者の需要曲線・供給曲線でした。社会では、卵やチョコケーキを購入する需要者・供給者は無数にいます。そのすべての需要と供給を合計したものが、卵やチョコケーキ市場全体の需給曲線になります。

教育出版『中学社会　公民　ともに生きる』p132-133

　…パンの需要と供給の関係を例にして考えてみましょう。価格が高ければＡさんの買うパンの量は少なく、価格が安ければ買う量が増えます。…では実際どのような右下がりの曲線になるでしょうか。それはＡさんのパンに対する好みと、Ａさんが自由に使えるお金の額によって決まってきます。もう１人のＢさんについても、考えてみましょう。Ｂさんのパンに対する好みと自由に使えるお金の額は、Ａさんとは異なります。したがって、Ｂさんの需要曲線はＡさんの需要曲線とは異なったものになります。さらにＣさん、Ｄさん…とさまざまな人の需要曲線についても、同じようにして求めることができます。こうして求めたＡさん、Ｂさん、Ｃさん、Ｄさん…のそれぞれの需要曲線を合計すると、社会全体のパンに対する需要曲線になるのです。

↑Ａさんの需要曲線

↑Ｂさんの需要曲線

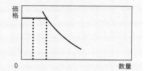
↑ＡさんとＢさんの需要曲線を合計した需要曲線

　…供給曲線について…。Ａ社は、パンの価格が高ければ供給量を増やし、価格が低ければ供給量を減らします。…もう一つのＢ社についても考えてみましょう。Ｂ社はＡ社とは異なる生産設備をもっていますから、Ｂ社の供給曲線はＡ社の供給曲線とは異なったものになります。同じようにして、さらにＣ社、Ｄ社の…供給曲線についても求めることができます。こうして求めたＡ社、Ｂ社、Ｃ社、Ｄ社…のそれぞれの供給曲線を合計すると、社会全体のパンに対する供給特性になるのです。

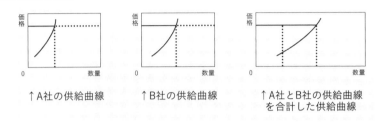

↑A社の供給曲線　　↑B社の供給曲線　　↑A社とB社の供給曲線
　　　　　　　　　　　　　　　　　　　を合計した供給曲線

④主観と客観の需給曲線—限界革命—

商品（モノ・サービス）の価格は、どう決まるのでしょうか。ここからが、古典派経済学と新古典派経済学の分岐点になります。

清水書院『政治・経済資料集2015』p215

経済思想の流れ

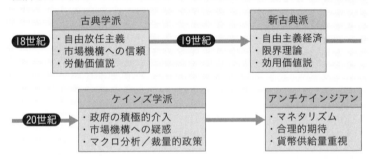

今では中学校の教科書にも登場する需給曲線が導き出されたのは、これから説明する「限界革命」以降です。この「限界革命」以前と以後では、同じように「経済学」としてくくられてはいますが、中身はまるっきり別物です。ズバリいうと、新古典派経済学の前までは「それ以前の経済学者は、自分で何をいっているのかわかっていなかった[9]」のです。

9　林貴志「市場と価格の役割に対する理解を深める」経済セミナー増刊「総力ガイド！これからの経済学」　日本評論社　2015

■限界革命

清水書院『高等学校　新政治・経済　最新版』p79

　19世紀後半には、市場での競争によって、もっとも効率的に資源配分の問題の解決が可能であるという主張も、ジェボンズ、ワルラス、メンガーなどの経済学者から提唱された（ほぼ同時期に、市場経済の効率性を主張する著作を発表した）。

　それまでのスミスや、リカード、マルクスらは、商品の価値（価格）は、投下した労働量によって決まると考えていました。これを**労働価値説**といいます。

　木のトンカチより鉄のトンカチの方が、生産時間がかかります。鍋よりストーブの方が、馬車より蒸気機関車の方が、作るのに人数も要ります。だから、後者の方が価格が高くなる、という説です。労働時間や労働投入量などで計るので、客観的に計算できます。

　これは、一面の真理でもあります。こわれた掃除機の修理を家電量販店に頼むと、分解するだけで5000円、小さな部品を交換するだけで1万円と、修理代がかかります。大量生産で作るのと比べ、技術者が1個1個修理するのは手間暇がかかり、すなわち費用がかさみます。「買った方が安い」ということもあります。住宅リフォームや外壁塗装を発注しても、その値段の大部分は、材料費というよりは人件費が占めていることが多いのはおわかりだと思います。

　ところが、これだけでは説明がつかないものがあります。たとえば、宝石や高級腕時計です。これらは平気で100万円、1000万円といった単位の額になります。どう考えても、それだけの労働力が投下されたと考えるのには無理があります。1000万円の指輪や高級腕時計も、職人が数年という時間の労働力をかけないと作れないというものではありません。

　ですから、労働価値説では「水とダイヤモンドのパラドックス」に回

答を与えることができませんでした。水は使用価値が高いのに、交換価値（価格）は安い、ダイヤは使用価値が低いのに、交換価値（価格）が高い……なぜだろうというものです。労働価値説の説明では「水は近くにあり、すぐに採れるから安い、ダイヤは遠くの鉱山に行って採らなければいけない、だから価格が高い」というものでした。

一方、1870年代の同時期、イギリス、オーストリア、スイスの3人の学者によって次々に重要な理論が提唱されました。彼らはそろって、価値は労働価値説のような客観ではなく、効用という主観によって決まると考えました。効用とは、「満足度・幸福度」のことです。経済学におけるこの大きな考え方の変化は**限界革命**と呼ばれています。

ジェボンズ （イギリス）	限界効用逓減	最後に増えたり減ったりする財から得られる効用
メンガー （オーストリア）	希少性	需要＜供給　例　空気 需要＞供給　例　経済財←経済学の対象
ワルラス （スイス）	一般均衡	無数の取引者と無数の財を取引すると、均衡が成り立つ。取引は、すべての人の効用を最大化し、均衡点は、取引されている財の限界効用が一致している点。

ジェボンズの提唱した「限界効用逓減」についてわかりやすく解説します。

お腹がすいているときに、天丼をおごってもらったとします。1杯目はとても「うまい！」。しかし、「どうぞどうぞ」とすすめられて、2杯目、3杯目になると、「もうお腹がいっぱい、もういらない」となります。1杯追加されるにしたがって、効用が減っていきます。1杯目の価値は1000円でも、2杯目は500円、3杯目は200円……最後はタダでも「もういらない」となります（自分で払った場合も同じです）。

天丼を提供する労働量は同じでも、それを受け取る人によって、価値（価格）が下がるのです。財の価値は、その財の中にはなく、外から見る人によって違う、だから「労働価値説」だけでは説明できないという考え方です。

1カラットのダイヤモンドを「あげる」といわれた場合、喜んでもらうと思います。2つ目、3つ目も喜んでもらうと思います。10個目、100個目も喜んでもらいます。別にあなたがダイヤに興味がなくても、もらっておくことでしょう。ダイヤは別の価値のあるモノ（紙幣・その他）と交換できることがわかっているからです。

結局、ダイヤという財の主観的な効用は、1個追加されても減らないのです。これが価値（価格）です。ダイヤの効用は大きいままなのです。

■需給曲線（マーシャリアン・カーブ）

労働価値説と、限界効用説は、需要供給曲線によって統合されました。これがケンブリッジ大学経済学部教授、アルフレッド・マーシャルが考案した**需給曲線（マーシャリアン・カーブ）**です。マーシャルは、後に出てくるケインズの先生にあたります。彼は、時間の長さを組み入れることで、2つの説を統合したのです。

●限界効用説が成立する場合

たとえば、朝の鮮魚市場です。朝、市場に入ってくる魚の全体量は、価格の決定（セリ）が行われる前に決まっています。供給量はほとんど調整できず、水揚げした量を売り切らねばなりません。ですから供給曲線はほぼ垂直になります。しかも、この市場は「短期」の市場です。短期というのは、「時間の長さ」を考慮できない市場のことです。魚は鮮度が大事なの

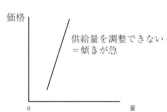

で、市場に出された魚はその日に売り切らねばならず、一週間もの「長期」にわたって、セリにかけられることはありません。

このような市場では、商品の価格は需要側の主観で決まります。供給曲線の傾きは急になります。その極端な例が垂直です。たとえば、東京都練馬区春日町〇丁目の土地の場合、供給曲線は完全に垂直になります。供給量は完全に一定で、価格は需要者の主観で決まります。

●労働価値説が成立する場合

同じ魚でも、サバの味噌煮のように大量生産できる缶詰にした場合、生産者側が、缶詰の生産量を増減することが可能です。つまり、生産者は、缶詰を供給するにあたって、「時間の長さ」を組み入れることができるのです。これが、工業製品のような「長期」を考慮して供給量を決定できる市場です。原材料や労働時間を調整することで生産量を変化させられます。この場合、供給曲線は水平になります。供給者は「在庫調整」や「増産・減産」などで、供給量を調節し、缶詰の価格を一定に保ちます。これが「時間の長さ」を組み入れることができる長期の市場の特徴です。財の価格は、生産者側の客観（投入した費用）で決まります。量を調節できるので、供給曲線の傾きは、ゆるくなります。その極端な例が、水平です。たとえば、自動車の価格は一定で、供給者は財の量を調整することができます。

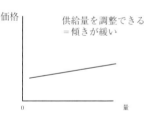

第3章 市場のしくみ　135

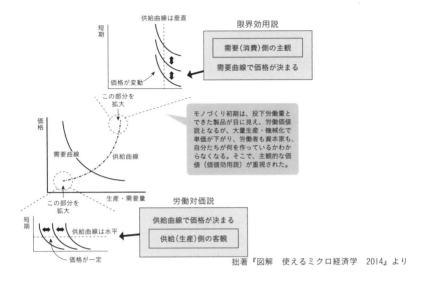

拙著『図解　使えるミクロ経済学　2014』より

　つまり、短期においては、企業よりも消費者の価格に対する主導権が強く、長期においては、消費者よりも企業の主導権が強くなるのです。

　価格を決定しているのが需要か供給かを問うことは、ハサミで紙を切った場合に「右の刃が切ったのか、左の刃が切ったのか」を問う禅問答のようなものです。真実は、両方が相まって決まるのです。この需給曲線の登場によって、スミスの「見えざる手」の一端が、ようやく可視化されたのです。

⑤需給曲線の均衡点では最も効率的に資源が配分される

> **教育出版『中学社会　公民　ともに生きる』p130**
> 　市場は売り手と買い手が同じ場所に集まり、価格と取引量を決めています。…均衡価格のもとでは、財やサービスに余りや不足は生じません。これは、そのときの消費者の需要量に対して、資源が無駄なく、適切に使われたことを意味します。そのため、市場メカニ

ズムは効率的だといわれます。

実教出版『2015新政治・経済資料　三訂版』p215

　消費者余剰とは、買い手である消費者が支払ってもよいという最高額と実際に商品を買うときに支払った金額を差し引いた額のことで、買い手の便益ともいえる。また生産者余剰とは、売り手が商品を売って得た金額から、生産に要する費用を差し引いた額のことで、売り手の便益ともいえる。

　需要曲線は、右下がりです。これは限界効用が減っていくことを示しています。先ほどの天丼の例でいえば、1杯目の天丼にいくらなら払ってもよいか、2杯目ならいくらか、と量が増えていくとともに、限界効用（1杯追加あたりの効用）は減少します。世の中のすべての評価を集計すると、需要曲線になります。

　一方、供給曲線は右上がりです。これは限界費用が増えていくことを示します。天丼を作るお店で、職人を増やすとします。1人、2人と増やすと天丼の供給量は増えます。しかし、店の大きさには限界があり、5人10人と職人を増やしても、費用はかかるものの、天丼の生産量は、職人を増やした分だけ増えるわけではありません。かえって職人1人当たりの生産量は減ってしまいます。これが限界費用逓増です。世の中の天丼店のすべてを集計すると、供給曲線になります。

　消費者の便益部分（効用 − 価格）を**消費者余剰**といいます。生産者の利潤部分（価格 − 費用）を**生産者余剰**といいます。均衡点において、社会全体の余剰（消費者余剰 + 生産者余剰）は最大化しています。これが、資源を最も効率的に配分している状態になります。経済のパイが、最も大きくなるのです。このように、市場メカニズムは、消費者余剰と生産者余剰を最大限に効率化するのです。すべての人々のバラバラな欲求を、見事に調整、配分しています。

第3章 市場のしくみ

需要曲線と供給曲線

①需要曲線

天丼　消費	1杯目	2杯目	3杯目	……	最後（限界）
効用(満足)度	最高	高	少し減る	→逓減→	ゼロ
価値(価格)	1000円	500円	200円	……	0円

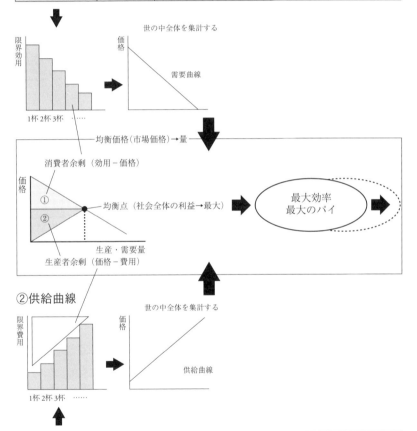

②供給曲線

天丼　生産	1杯目	2杯目	3杯目	……	最後（限界）
1個当たり儲け	最高	高	少し減る	……	ゼロ
1個当たり費用	200円	250円	300円	→逓増→	定価と同じ

2 需給曲線を使った分析

①価格の自動調節作用

第一学習社『最新 政治・経済資料集 新版2015』p200
　完全競争市場の下では、需要と供給が一時的に乖離しても、最終的には価格は需給が一致する均衡価格に落ち着き、売れ残りや品不足が解消される。価格のこうしたはたらきを価格の自動調節作用と呼ぶ。

　多数の売り手と買い手がいる完全競争市場では、価格は均衡価格に落ち着いていきます。それにともなって需給量も調整されていきます。
　この価格の自動調節作用を無視して、政府が価格を統制しようとすると、とんでもないことになります。品不足が生じ、社会全体の総余剰が減ります。

とうほう『テーマ別資料 政治・経済2015』p109
　政府といえども、市場メカニズムに安易に干渉(価格規制)すると、経済を混乱させてしまう。ガソリン価格規制について考えてみよう。
　ガソリン価格の最高水準を1L当たり60円に規制したとすると…。なお均衡価格は100円。
　→市場の均衡価格100円よりも低いため、需要

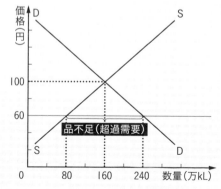

は増加して240万 kL になる。逆に供給は減少して80万 kL になる。つまり160万 kL の品不足が生じてしまう。

240万 kL－80万 kL ＝160万 kL

　→品不足のため、人々はガソリンスタンドの前で行列する。その後、配給制実施の可能性や、闇市場の発生が心配される。

　→経済全体の混乱につながる。

　このような例は、実際にありましたし、今でも存在します。たとえばアメリカでは、1973年のオイル・ショックの際に、ガソリンに上限価格を導入しました。ガソリン価格を値上げできず、供給不足が深刻化しました。車を仕事に使う人たちだけではなく、まだ自分の車のタンクにガソリンが残っている人たちも、ガソリンスタンドに並びました。「次にいつガソリンが手に入るかわからない」から、国民はパニックになったのです。ガソリンスタンドの長い行列は、2～3か月もの間、続きました[10]。

　これは、時間、つまり労働時間という貴重な資源を浪費することを意味し、国民全体の余剰を減らすのです。

　みなさんが、ガソリンの供給者だと考えてください。アメリカに持っていって売っても、もうけが出ません。そうすると、いま手元にガソリンが余っているとしても、供給する気になりません。これは小麦やコメの価格統制の場合でも同じです。小麦やコメが余っていても、価格統制が敷かれている国では、誰も売ろうとしないのです。

　旧ソ連の価格統制も同じでした。ソ連の国民は、次にいつ手に入れられるかわからないパンや肉を求めて、いつも行列をつくっていました。品不足が不安なので、常に「できるだけ手元にたくわえておこう」とするのです。

10　参考文献　クルーグマン他『ミクロ経済学』東洋経済新報社　2007

アメリカは、この後1981年に、ガソリン価格の統制を止めました。2000年の春に産油国が輸出を制限したときには、アメリカの石油価格は、２～３か月の間に倍以上になりました。しかし、パニックは起きませんでした。高値を嫌った国民は不要不急のドライブの計画をやめたり、ガソリンの購入を控えたりしたからです。

世界には、今でも価格統制をしている例が見られます。当然ですが、そうなると、常にどこかにひずみが生じます。時にはパニックになります。

「石油大国でモノ不足『北朝鮮並み』？」産経ニュース　2014年11月24日

…反米左派マドゥロ政権下の南米ベネズエラ…。

品不足が目立つのは牛乳やコメ、コーヒー豆、トウモロコシの粉といった価格統制品。地元調査会社によれば、市民は通常の30％程度しか購入できない状況にある。

石油収入が年間で1140億ドル（約13兆２千億円）にも上る世界有数の石油大国ベネズエラで、国民がひどいモノ不足にあえいでいる…。

モノ不足の背景には、価格統制された低価格の品々を犯罪組織が国内各地で大量に購入した後、利益を得ようと隣国コロンビアの北部地帯などで密売していることがある。…流出している価格統制品の割合は全体の10％以上という。

…国内ではモノ物（ママ）不足の影響で、インフレが着実に進行。８月末時点のインフレ率は63.4％（年率）にも上り、マドゥロ政権への風当たりは強まっている。

「ベネズエラから避難　コロンビア人１万５千人超　迫害恐れ　近隣国も動揺」産経ニュース　2015年９月９日

…ベネズエラでは…価格統制された廉価な商品の不足が目立ってい

る。こうした中、小麦やガソリン、などの統制品がコロンビアで安く転売されている事態に政権が頭を痛め、密輸業者の摘発を進めてきた。

　マドゥロ政権は先月19日、コロンビアとの国境付近で治安部隊兵3人が密輸業者らとの銃撃戦で負傷したことを受け、ベネズエラに住むコロンビア人約560万人のうち約1300人を強制追放。令状もなく一帯で家宅捜索を進め、民家を無差別に破壊した。

　政府が価格を統制するとき、何が起こっているのか、需給曲線で見てみましょう。市場価格のもとでは、消費者余剰も生産者余剰も「最大」です。これが一番効率の良い状態でした。しかし、消費者保護という目的のために、統制価格が導入されると、その価格ではもうけが出ないため「供給できない生産者」が続出します。結果、市場に出てくる「供給量が減る」ことになるのです。量が減るので、消費者もその量しか買えないことになり、社会全体の「供給量＝需要量」が減ることになります。それに伴って社会全体の「総余剰」が減るのです。この減った余剰分を「死荷重」といいます。

均衡価格のときの余剰

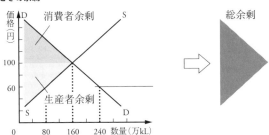

価格統制のときの余剰

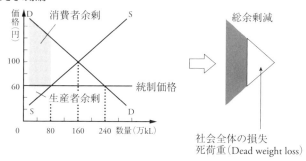

一方、生産者を保護するために最低価格を定めるような価格統制でも、同じことがおきます。価格が高くなると、消費者の一部は購入を控えます。前述のガソリンの例です。その結果、やはり社会全体の「供給量＝需要量」が減ることになります。総余剰が減る＝非効率な状態になるのです。

価格統制のときの余剰

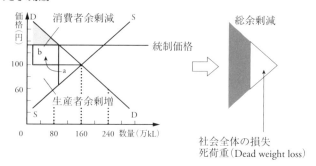

生産者余剰はaの部分が失われる代わりにbの分だけ増加し、全体としては増えています。生産者が規制を求める理由はここにあります。自分たちの余剰が増えるのです。一方、消費者余剰は減り、結果として社会全体の余剰は減少しています。

均衡価格を無視した価格統制は、社会全体に損失をもたらすのです。

②需給曲線上の動きと需給曲線のシフトの違い

ここまでの市場メカニズムの説明は、価格が上がると供給「量」が増え（需要「量」が減り）、価格が下がると供給「量」が減る（需要「量」が増える）というものでした。価格の変化にともなって量が動いています。これは、需要曲線上の均衡点の動きであって、曲線自体が動いているわけではありません。次の例を見てみましょう。

「日産リーフが採算ベースに～需要増で、米生産拡大へ」US FrontLine
2013年11月27日

日産自動車の電気自動車（EV）「リーフ」が、値下げによる需要増で利益を生むようになった。同社は米国内の生産を拡大する予定だ。

サステイナブル・ビジネスによると、リーフは今年、日本から米国への生産移行に伴い、店頭表示価格が2万9650ドルと従来より6000ドル以上安くなった。それ以降は需要が急激に高まっており、2012年は年間で9800台だった販売が今は月2000台以上に増え、累積販売台数は米国で3万4000台、世界では7万5000台に達している。

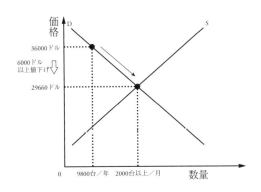

この需要量、供給量というのは、ある価格のときの量をピンポイントに示すものです。

一方、これとは異なり、価格の変化とは関係なく需要・供給自体が動くことがあります。

国土交通省「国際航空旅客輸送この1年」

平成15年から16年にかけての国際航空旅客輸送は、国際情勢の影響を受け、大きく揺れ動いた。… 3月15日に WHO は原因不明の肺炎 SARS に対する注意報を発した。4月に入って事態は悪化し、SARS の死者数は4月の下旬から5月上旬にかけて急増した。

方面別に見るとアジア方面の旅客数は5月に同-62.0%と最大の下落率を記録している。

このような報道があると、すぐに需要が減ります。需要が減少すると需要曲線がシフト（移動）します。これは、航空運賃が変化していなくても起こる現象です。

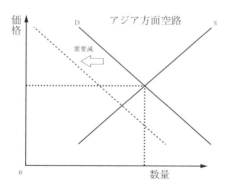

おでんや、クリスマスシーズンのケーキ、バレンタイン時期のチョコのように、価格は変化していないのに、需要や供給が増えることがあり

第3章 市場のしくみ 145

ます。このときにも、需要曲線・供給曲線のシフトが起こります。
「鳥インフルフルエンザが流行！」という報道が流れると、鶏肉の価格は変わらないのに、需要が急減します。スーパーで買い物をしているAさんもBさんも、価格が上がったわけでもないのに買い控えます。

鶏肉の需要

1　需要曲線のシフト
鳥インフルエンザがアジアで猛威！

2　需要曲線上の動き
鶏肉の輸入関税率が下がる

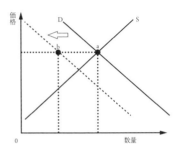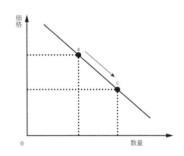

　一方、輸入鶏肉・牛肉にかかる関税が低くなると、価格が下落します。スーパーで買い物をしているAさんは、「お肉安くなったわねえ」といって、購入回数を増やします。このように価格の変化によって、需要量が増えます。需要曲線は、世の中のすべての人の需要を合わせたものです。「価格の変化」で、「量」が変わります。

> **帝国書院『社会科　中学生の公民』p110**
> クローズアップ　牛肉の価格が変わったら
> 牛肉100g400円
> 「牛肉は高いからやめておくわ。」「今日は牛肉のしゃぶしゃぶにしようかな。」
> ⇒値段が下がると：牛肉100g200円
> 「今日なら牛肉を変えるわ。」「うちも牛肉のしゃぶしゃぶにするわ。」

⇒値段が上がると：牛肉100g600円

「値段が高すぎてとても買えないわ。」「牛肉のしゃぶしゃぶが食べ
たいけど、高いから豚肉にしよう。」

このように、ある条件（市場の出来事）が変化すると、まず需要・供
給曲線が先にシフトし、次に需要量・供給量が市場のしくみによって動
くのです。逆はありません。この順番は、大変重要です。

需要曲線と供給曲線のシフトによって、均衡価格が変化した場合、そ
の「価格の変化」によって、もう1回需要や供給がシフトすることはあ
りません。経済現象の因果関係を考える（たとえば政策の立案のため）
うえでは、この順番で分析するのが必須です。たとえば、2016年の熊本
震災によって、日本国内農作物生産で6位の熊本県の、出荷できる野
菜・果物が減少しました。

静岡新聞電子版　2016年4月22日

〈熊本地震〉静岡県市場にも影響　ナスなど相場上昇

　熊本地震により静岡県でも一部農産物の流通価格に変化が表れ始
めた。熊本県産長ナスの入荷が減ったのを受け、21日の静岡市中央
卸売市場では愛知県産丸ナスの相場が上昇した。

この場合、順番は以下のようになります。

1　震災で、供給曲線がシフトする。需要曲線には変化（あらゆる
　価格帯で需要が減少）は生じない

2　供給曲線の左シフト（出荷量の減少）により、野菜価格を引き
　上げ、均衡取引量を減少させる。結果として野菜価格は上昇し、
　野菜の販売量は減少する

この例のように、需要の変化がない場合にも、需要量の変化が生じる

ことがあります。需要曲線のシフトがない場合の「需要量の変化」は、固定された「需要曲線上の動き」としてあらわされます。

1 供給曲線がシフト
震災の影響で、熊本県産野菜の供給線がシフト

2 需要曲線上の動き

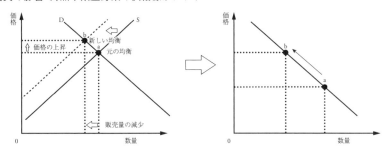

ある出来事が、市場にどのような影響を与えるかの分析は、このようになされます。「価格の上昇・量の減少」「価格の下落・量の上昇」は、需給曲線がどのようにシフトしているかをみることが必要です。

経済現象を分析するための3段階アプローチ
①需給曲線のどちらがシフトするのか
②曲線は、右と左のどちらにシフトするのか
③曲線のシフトが、均衡価格と均衡量をどのように変化させたか

■需要曲線のシフト

実教出版『最新政治・経済』p77
需要曲線のシフト
価格が同じままでも需要が増える(減る)状況が生じれば、需要曲線は右側へ(左側へ)シフトする。たとえば、消費者の所得が増え、消費に使えるお金が増えれば、需要曲線は右側へシフトする。ある

いは、バターの価格が上がると、競合関係にあるマーガリンは、価格が同じでも割安になるため、需要曲線が右側へシフトする。また、アーティストの人気がおとろえると、価格が同じでも CD の需要曲線は左側へシフトする。

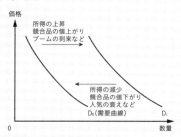

供給曲線のシフト

価格が同じままでも供給を増やせる（減らす）状況が生じれば、供給曲線は右側へ（左側へ）シフトする。たとえば、技術革新がおこり生産が上昇すれば、企業は同じ価格でもより大量に供給することができ、供給曲線は右側へシフトする。あるいは将来有望な市場に多くの企業が参入すれば、生産量が全体的に増え、供給曲線は右側へシフトする。間接税がかけられると、税が価格に上乗せされる結果、供給曲線は上方（左側）にシフトする。

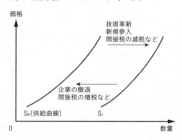

需要曲線がシフトするのは、次のような場合です。これらの場合には需要曲線は右にシフトし、逆の場合には左にシフトします。

- 収入が上がる──欲しかった高額なものを買える。アルバイト代が入ったので、普段買わないものを買った。
- 商品の人気が高まる──芥川賞受賞の話題作を読んでみたい。
- 人口が増える──社会全体の需要が増加する。
- 競合品の価格が上がる──バター価格が上がると、バターよりも安いマーガリンの需要が増える。
- 将来予想（増税）がある──4月からの消費増税に備えて、自動車を3月中に購入する。たばこ税が上がる前に、たばこをまとめ買いする。
- シーズンになる──クリスマスケーキやチキンの需要が増える。

このように、需要曲線が右にシフトすると、均衡価格と量は増加します。逆に左にシフトすると、均衡価格も量も低下します。

■供給曲線のシフト

平成28年度　センター試験　政治・経済

次の図には、ある財の完全競争市場における当初の需要曲線と供給曲線とが表されている。いま、この市場において、均衡点がAからBに移動したとしよう。このような均衡点の変化を生じさせた要因として最も適当なものを、下の①～④のうちから一つ選べ。

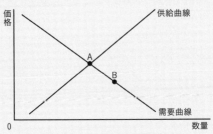

① この財を消費する消費者の所得が増加した。

② この財に対する消費者の人気が高まった。

③ この財にかけられる税が引き上げられた。

④ この財を生産する技術が向上した。　　　　　　　　正解④

供給曲線がシフトするのは、次のような場合です。これらの場合には供給曲線は右にシフトし、逆の場合には左にシフトします。

・原材料費価格が下がる──製造コストが下がり供給が増える。

・生産性が上がる──同じ時間・コストで供給を増やせる。

・新規参入が増える──宅配便や、宅配ピザの市場開拓。

・将来予想（増税）がある──駆け込み需要に備えて増産する。

・シーズンになる──ケーキやチキンの生産を増やす。

供給曲線がシフトする要因として代表的なのは、投入する費用の変化、生産性の変化です。財・サービスを生産するのにかかる、原材料や人件費が高くなれば、全体の生産コストも上がるので、供給量全体が減り、左にシフトします。低くなれば、右にシフトします。生産性の向上は、今までと同じ費用・コストで、より多くの生産を可能にします。大都市圏の高速環状道路網が整備されると、それまでより物流が増えます。その場合、供給曲線は右にシフトします。

災害によって生産拠点が壊れた場合や、天候不順による農作物の不作の場は左にシフトします。

育鵬社『新しいみんなの公民』p119

　…技術革新によって高性能の機械やロボットがつくられて、これが生産の現場に導入されれば、労働者1人あたりの生産量（労働生産性）が増大し、生産費が引き下げられます。この結果、より安く生産されるようになり、それは消費者の利益にもつながります。

第3章 市場のしくみ

■需給曲線のシフト→価格と量の変化

需要・供給曲線がシフトすると、次に均衡価格と均衡量に影響が生じます。これが供給者の売り上げにどう関わるかを見てみましょう。

> **第一学習社『最新 政治・経済資料集 新版2015』p201**
>
> 供給曲線がSからS₁にシフトすると、新たな均衡価格がP₂に設定され、均衡数量はQ₁からQ₂に増加する。売り上げは単位（価格）×販売量（数量）だから、従来のP₁×Q₁と新たなP₂×Q₂の面積を比較することで、売り上げが増加したかどうかわかる。

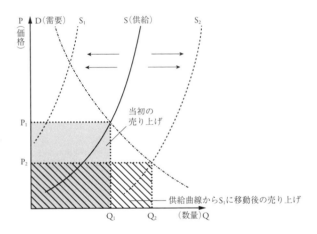

供給が増えると、まず価格が下落し、それから数量が増加します。売り上げは「価格×数量」ですので、上のグラフでいえばアミ部の面積に当たります。その四角形の面積を、供給が増える前（P1×Q1）と増えた後（P2×Q2）で比較してみます。面積が増えていれば売り上げが増えたことになり、増産は成功といえるでしょう。しかし、数量が増えても売り上げが減少している場合、どんなことが起こるでしょうか。

第一学習社『最新 政治・経済資料集　新版2015』p201

　ところで、農作物は…一般的に需要の価格弾力性が小さい。豊作によって供給曲線が右にシフトしても、数量の変化の度合いよりも価格の変化の度合いが大きいため、売上総額が減少するということが分かる。よくいわれる豊作貧乏はこうしておこる。

「豊作貧乏」という言葉に関連して、農家自身の手による農作物廃棄の映像を見たことがあると思います。供給量が増えすぎると、価格が下落して売り上げが下がってしまうので、それを防ぐために、とれ過ぎた野菜を処分し、出荷量を調整するのです。

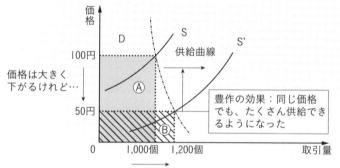

実教出版『最新政治・経済』p79

Ⓐ 100円×1,000個＝10万円 ｝ 豊作の結果、売上額
Ⓑ 　50円×1,200個＝ 6万円 　　が減ってしまった

　とはいうものの、実はこれはプライス・テイカーのできることではありません。プライス・テイカーとは「市場の前では存在が小さすぎ、価格を受け入れるだけの立場」でした。農家が出荷量を調整し、価格を維持させることができるのであれば、それは価格決定権がある**プライス・メイカー**の立場であることを意味します。

③価格弾力性

さて、先の引用の中に「農作物は……価格弾力性が小さい」という言葉がありました。これについて説明していきます。

価格弾力性とは、「価格に対する反応の大きさ」のことです。ある財・サービスについて、価格が変化しても需要があまり変わらない性質を「価格弾力性が小さい」といい、逆に価格の変化で需要が大きく変わる性質を「価格弾力性が大きい」といいます。

p154のグラフ左側の「弾力性が小さい」商品の代表は、生活必需品です。電気・ガス・水道や、食料品・医薬品などです。これらは、値段が上がったり、自分の所得が減ったりしたからといって、支出を減らすことができません。

右側の「弾力性が大きい」商品の代表は、ぜいたく品や不要不急の商品です。こちらは、所得に応じて支出が増減するものです。所得に余裕があれば買い増され、所得が減少すれば真っ先に削られます。旅行や、娯楽サービス、外食や、稽古ごとの月謝、塾代などが相当します。

実教出版『高校 政治・経済』p117

価格弾力性

価格の変動によって、財の需要や供給がどれほど変化したかを示す数値を価格弾力性という。需要（供給）の変化率／価格の変化率で算出され、この値が1より小さいと「弾力性が小さい」といい、1より大きいと「弾力性が大きい」という。たとえばコメのような生活必需品の場合、価格が高くなってもそれほど需要量はへらないし、逆に安くなっても突然食べる量がふえるわけでもない。この場合、需要曲線の傾きは急になる。一方、宝飾品などのぜいたく品の場合、価格にあわせて需要も大きく変化するため、需要曲線の傾きはゆるやかになる。

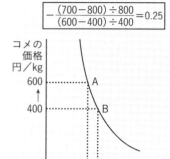
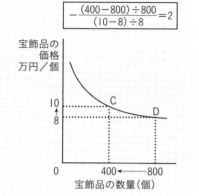

p155の図の左側は、価格弾力性が大きいもの(生活必需品)、右側が価格弾力性が小さいもの(ぜいたく品・不要不急品)です。

総務省「家計調査」では、個別の商品について、「支出弾力性」が計算されています。消費支出が1％変化するときに、各商品の量が何％変化するかを示した指標です(ここでは支出弾力性と価格弾力性は同じ意味合いと考えて結構です)。

これを見ると、価格弾力性というものが一目瞭然です。たばこは、どんなに値上がりしてもやめられない商品の代表例です。ほかにも、住居費や食費、医療費など、支出を削ることができない商品が並びます。

一方、景気がいい時、あるいは富裕層の間では支出が増え、景気が悪くなると真っ先に削られてゆくものが、右側に並んでいます。「仕送り金」や「補習教育」「授業料等」は、消費支出が豊かな層(＝所得に余裕がある層)によって、あるいは所得に余裕がある時期に行われます。具体的には「子供を都会へ進学させる、1人暮らしさせる」「塾や私立の学校に通わせる」といったことです。リーマン・ショックの不況の際に、私立学校の授業料が払えなくなって退学したり、授業料を滞納したりという事例が相次いだのは、記憶に新しいところです。

生活必需品
値上がりしても、減らすことができない

ぜいたく品　不要不急品
価格の変化に、敏感に反応

総務省「家計調査」平成26年

品目	弾力性	小	品目	弾力性	大
たばこ	−0.388		仕送り金	3.42931	
住居	−0.032		補習教育	3.22675	
米	0.2202		教科書・学習参考教材	2.48403	
生鮮果物	0.2787		授業料等	2.47057	
ガス代	0.2894		男子用洋服	2.13767	
医薬品	0.327		自動車等購入	1.86474	
保健医療サービス	0.377		月謝類	1.73540	
野菜・海藻	0.396		女子用洋服	1.62517	
魚介類	0.4044		宿泊料	1.54591	
光熱・水道	0.4609		一般家具	1.38901	
卵	0.5129		一般外食	1.37758	
牛乳	0.5173		履物類	1.32758	
酒類	0.5258		教養娯楽サービス	1.27316	
電気代	0.5508	大	パック旅行費	1.18642	小

「男子用洋服」（子供用を除く）は、いわゆるお父さんのスーツです。よく不況になると「スーツが売れない」という報道が流れます。外食や履物や旅費、高額な自動車も、ぜいたく品・不要不急の商品と考えられています。ということは、逆にいえばこれらの支出が伸びているときは「景気がいい時」になります。日本のバブル経済や、アメリカのリーマン・ショック前までは、高級自動車が飛ぶように売れていました。

■価格弾力性を利用した課税

　生活必需品は、「価格が上がっても支出を減らせない」商品ですから、最も効果的に課税できることになります。その代表がたばこです。先ほ

どの支出弾力性を見ると、たばこは「マイナス0.388」、つまり、「価格が上がると売り上げが減る」どころか、「価格が上がっても逆に売り上げが増える」という商品であることがわかります。実際に、日本のたばこ税が増税された2010年10月以降も、販売本数は減りましたが、逆に売り上げは増えました。

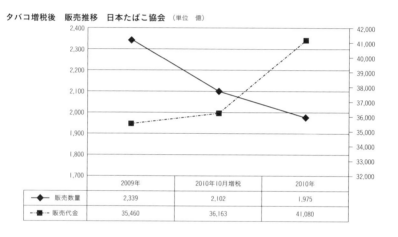

タバコ増税後　販売推移　日本たばこ協会 （単位　億）

	2009年	2010年10月増税	2010年
販売数量	2,339	2,102	1,975
販売代金	35,460	36,163	41,080

弾力性の非常に小さいタバコ課税の場合

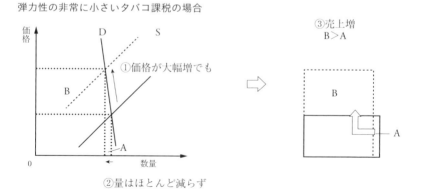

このように「たばこ増税」は非常に効率がいいので、いつも増税の対

象になります。今や愛煙家は少数派ですし、喫煙者数はもっと減っても
かまわないと世間一般的に考えられていますから、「増税するならまず
たばこ」となっています。

　海外では、たばこの価格は20本入り1箱で1000円を超えている国も多
いのです。今やたばこは「高い」ものなのです。日本はそれらの国に比
べると「まだ安い」と考えられており、増税の余地があるとみなされま
す。愛煙家にとってはますます厳しい状況になりそうです。

タバコ1箱平均価格	ドル	円（1ドル＝120円）
オーストラリア	16.11	1933
ノルウェー	14.88	1786
ニュージーランド	14.67	1760
イギリス	12.55	1506
カナダ	9.26	1111
スイス	8.77	1052
フランス	8.33	1000
スウェーデン	8.15	978

出典　INSIDER MONKEY July 24, 2015
「10 Most Expensive Countries to Buy Cigarettes in the World」

　一方、ぜいたく品に課税すると、少しの値上げで、販売量が大幅に減
り、その業界が壊滅的な打撃を受けることになります。

　実際に失敗したのが、アメリカで1990年に導入されたヨット課税です。
ヨットは金持ちの趣味ですので、そこに焦点を絞った課税でした。しか
し、金持ちは10万ドル以上のヨットを課税のない他国で購入したり、ヨ
ットの購入を止めて別荘の購入費やバカンス費に回したりしました。ヨ
ットの製造や販売をする供給側は、金持ちではなく中産階級、一般の労
働者です。結果的に、ヨットの売り上げは71％減り、彼らの雇用は25％
も減ってしまいました。弊害があまりにも大きく、ヨット課税は1993年
に廃止されました。

　よく「金持ちから税金をとればいい」「金持ちへ課税すればいい」と

いわれますが、実際に「ぜいたく品」に課税すると、とんでもないことになります。

ベトナムでは、日本・アメリカ・ヨーロッパなどから輸入される完成車に70%の関税がかかっており、3000cc超の高級車は、2016年度からさらに税率が上がります（TPP発効後は、段階的に引き下げられる予定）。日本のレクサス（トヨタ）は、小売価格が1000万円にもなっています。半分が税金です。これは、自動車ディーラーに勤める労働者の雇用に影響を与えます。労働者は金持ちではありません。労働者の給与所得はベトナムのGDPに入りますから、輸入の高率関税は、自らGDPを減らそうとする政策ともいえます。ゆがんだ税制は、国民の所得にひずみをもたらします。

■価格弾力性を利用した差別価格

映画館には、学割やシニア割引があります。ネットカフェやカラオケ店は、平日の昼間に割引価格を導入しています。航空機のチケットも、何か月も前に予約をすれば、代金が格安になる割引運賃を導入しています。これらは、価格の弾力性を利用した価格設定です。

これらの商品に対して価格弾力性が小さいのは、現役世代の労働者です。月曜から金曜日にフルタイムで働くと、その間は話題の映画を見ることも、カラオケ店に行くこともできません。だから、その層を対象にして値下げしても、売り上げはほとんど増えません。値下げの意味がないのです。また、飛行機を利用する出張が急に決まったとして、チケット代が高いからといって取りやめるわけにはいきません。チケットが安いからといって出張の回数を増やすわけでもありません。

一方、学生やシニア層は、時間にゆとりがあります。旅行をするにも、2～3か月前から予定がたてられます。平日の昼間に時間の余裕がありますので、映画館や、カラオケ店に行くことも可能です。価格弾力性が大きい層といえます。少しの割引で、大きな集客が期待できます。

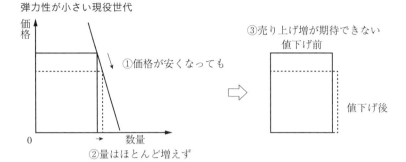

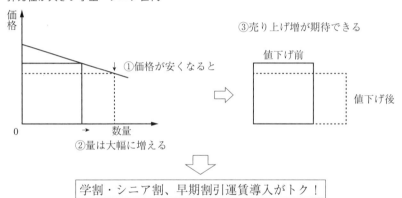

飛行機や映画館の座席は、一度サービスが始まってしまうと、もうその時間の座席を売ることはできません。できるだけ多くの席を埋めることが、利潤の最大化につながります。現在、飛行機の座席は、隣に座っている人同士でも、価格の違う商品の代表例となっています。

婦人服のバーゲンも、価格弾力性を利用しています。通常価格は、その価格を払ってでも流行を先取りしたい層に焦点を合わせたものであり、バーゲン価格は、その価格なら購入するという購買層にターゲットを絞ったものです。先ほどの女子用洋服（子供用を除く）や履物類は、弾力性が大きい商品になっています。

卵や牛乳など、弾力性の小さい商品は、値下げ率を大きくしても、その値下げ率に見合うほど、利潤が増えるわけではありません。スーパーでの、それらの商品の値下げ広告は、他の商品も買ってもらうという、トータルでの売り上げを考慮したものです。

また、さまざまな業界で、地域を限定し、価格を変えた商品を試験的に投入してみるのは、自身の商品の価格弾力性を探る試みともいえます。

■供給の価格弾力性

供給の価格弾力性とは、価格の変化に対して、供給量がどのくらい変わるのかをみる尺度です。価格の変化に対して供給量が大幅に変わる商品を、その商品の「供給の価格弾力性が高い」といいます。供給量がわずかにしか変化しない場合を「供給の価格弾力性が低い」といいます。土地は「供給の価格弾力性が低い」商品の代表です。その供給量を増やすことがほとんど不可能だからです。

供給の価格弾力性は、一般的に農作物や鉱産物は小さく、自動車などの工業製品は大きくなります。

農作物の場合、作付面積が決まっているので、価格が上昇したから、「もうけるチャンスだ」とばかりに、その年にすぐに増産することができません。特定地域の、特定品種のブドウを使ったワインも、ブドウ畑の面積が限られているため、簡単に増産することができず、供給曲線の傾きは大きくなります。

石油や天然ガスの場合、油田の探索から商品化まで、非常に長い開発期間がかかります。価格が上昇したからといって、すぐに供給量を増やすことができません。天然ガスを日本が輸入するには、供給地でガスを液化し、それを運ぶ船を用意し、液化ガスを気体に戻すプラントを建設し……という10年単位、1000億円単位の期間と費用がかかります。

石油は、需要・供給ともに弾力性が小さい商品です。需要面では、価格が上昇したからといって、石油の輸入を簡単に減らすわけにもいきま

実教出版『2015 ズームアップ現代社会資料』p171

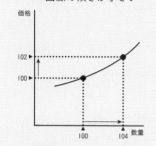
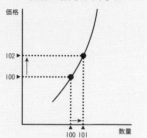

せん。弾力性が小さいので、わずかな需給の増減で、価格が大幅に動きます。

　2003年から2008年まで、中国やインドなど、複数の発展途上国で石油の需要が急速に増加しました。自動車の普及や製造業の生産増加によるものです。数量は日量8000万バレルから8400万バレルへ、5％増加するだけでしたが、価格は3倍以上も上昇しました。2008年のリーマン・ショックで、世界的に需要が落ち込んだときには、わずか2〜3か月で1バレル140ドルから40ドルに下落しました。

弾性の小さい石油の場合

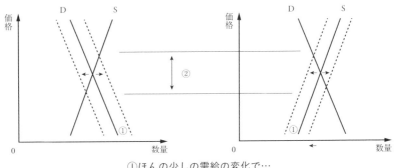

①ほんの少しの需給の変化で…
②価格が大きく変動する

石油価格 （単位1バレル／ドル） 世界経済のネタ帳

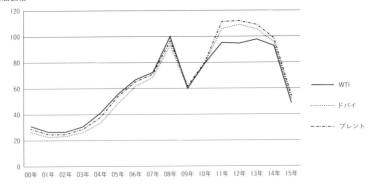

　2015年の価格下落は、アメリカ発のシェールガスの増産が原因といわれています。今やアメリカは"サウジアメリカ"といわれるほど、石油・ガスの供給が豊富な国です。2014年時点で、世界最大の石油生産量の国になっています（英BP社調べ）。

原油生産量　2014年末現在（英BP社調べ）
アメリカ　13.1%

サウジアラビア　13.0%

ロシア　12.2%

カナダ　4.8%

中国　4.8%

その他　52.1%

　少しの供給増で、価格は大幅に下落します。このように、一次産品
（農産物・鉱産物）の価格変動が大きいのは、弾力性によるものです。
ただし、一次産品も、10年、30年といった長期では、弾力性は大きくな
ります。人気の出てきた農作物や、鉱産物も、長期では増産が可能です。
天然ガスのプラントやシェールオイルも、長期的には設備投資の効果が
働いて、増産が可能です。農作物も、作付面積を長期的には増やすこと
が可能です。

　これら農作物や鉱産物に比べ、本、自動車、テレビなどの工業製品の
供給の弾力性は高いといえます。工場の稼働時間を調整することができ、
在庫量を調整することが、比較的容易です。

　p164のグラフは、2014年4月、消費税率が5％から8％に上がったと
きに生じた、軽自動車の「駆け込み需要」です。1月から3月にかけて
増税（価格上昇）前の、駆け込み需要が生じていますが、メーカーも、
「駆け込み需要」が期待（予想）できるので、生産を拡大して在庫を大
幅に増やしておきます。そうすると、「軽自動車の価格は変わらず、3
月の販売台数が大幅に増えた」状態になります。

軽自動車販売台数　全国軽自動車協会連合会 （2014年）

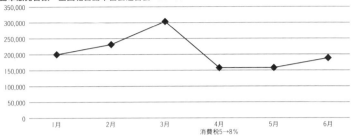

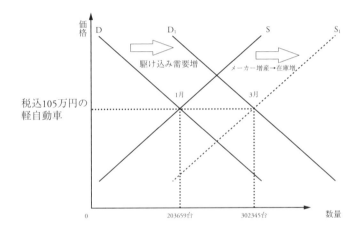

④自由貿易の恩恵――余剰の分析

　需給曲線の均衡点において、消費者余剰と生産者余剰を合わせた社会全体の余剰は最大化します。自由貿易の利点を、この余剰の観点から検証してみましょう。

均衡価格(市場価格)・量

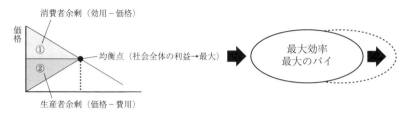

コメ価格（全国農業協同組合連合会など、出荷団体と卸売業者の取引価格）の全銘柄平均は、60キログラム当たり11,943円です（農水省2015年3月）。一方、コメの国際価格は、1トン当たり371ドル（農水省2015.12.18現在）ですから、1ドル120円で計算すると、60キロあたり2,671円となります。世界のコメは日本の約5分の1の値段であり、言い換えれば、日本人は国際価格の5倍の値段のコメを食べていることになります。

コメの輸入を自由化するとどうなるのか、下のグラフで検証してみましょう。

実教出版『2015 新政治・経済資料 三訂版』p215

●輸入

国内製品と外国の製品が同じだとすると、国際価格が国内価格よりも低いと輸入が生じる。輸入が行われることで、国内取引も国際価格で行われるようになる。取引価格が、国内価格Pから国際P_0に下がると、国内供給はAB、輸入量はBCとなる。これに伴って、消費者余剰利潤はY_1PKからY_1ACに拡大する。一方、生産者余剰はY_2PKからY_2ABに縮小する。したがって、余剰合計は

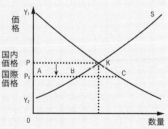

KBCだけ増加する。

日本のコメ市場が完全に開放されると、コメの価格は国内価格Pから国際価格P_0に下がり、需要が増えます。一方、その価格では、国内のコメ生産（供給）は減ります（K→B）。この需給ギャップを埋めるのが輸入（KBC）となります。日本全体の総余剰はこの分だけ増えます。つまり、日本全体でみると豊かになります。コメの輸入を自由化すると、余剰は次のようになります。

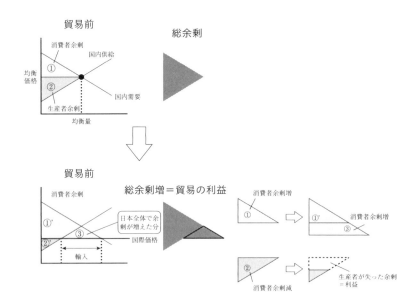

ただしその余剰をよく見ると、増えた余剰はすべて消費者余剰であって（$Y_1PK → Y_1AC$）生産者余剰は激減しています（$Y_2PK → Y_2AB$）。コメの輸入自由化をすると、その恩恵は日本国民1億2000万人に広く薄くいきわたりますが、不利益は生産者の人々に集中し、死活問題となります。

石川城太『経済教室　TPP 参加日本の選択』日本経済新聞　2012年8月28日

　仮に、TPP で利益を得る人が1億人いて、その利益の合計が10兆円、一方で損失を被る人が200万人いて、その損失の合計が8兆円としよう。この場合、経済全体としては差し引き2兆円の利益になるので TPP を進めた方がよいはずだが、実際にはなかなか実現しない。それは得するグループの利益が1人当たり10万円なのに対し、損するグループの損失は1人当たり400万円にもなるからだ。

　TPP 参加で得をするグループの多くは…たとえば霞ヶ関まで行って「TPP 賛成！」と叫ぶとは考えにくい。…しかし、損をするグループは違う。交通費をかけて霞ヶ関まで行き、1日仕事をせずに TPP 反対と叫ぶ要因がある。最終的に主張が通れば400万円もの損失を避けられる。

　ですから、農業関連団体は、保護貿易を主張するのです。コメだけではなく、あらゆる農産品、工業製品業界、サービス品業界も同じです。安い価格のものが入ってこないように、生産者は保護を主張し、輸入自由化に反対します。これは、アメリカだろうと EU だろうと、発展途上国だろうと、どこも同じです。生産者団体は、「保護貿易」を採るよう、政府や議員に働きかけます。その声が大きいと、保護貿易政策が採用されます。代表的な政策は、関税と数量規制です。

■関税をかけた場合の余剰

帝国書院『高等学校　新現代社会』p148

　貿易量が多いほどそのメリットは多いので、本来、貿易に何の制限もかけない自由貿易が国全体としては望ましいとされる。しかし、個別には自由貿易によって不利益を受ける人々もいる。そのため、彼らの要求を受け入れて、国内産業を保護するため、関税をかけたり、輸入制限を行う保護貿易が行われる。

関税の貿易・生産への影響

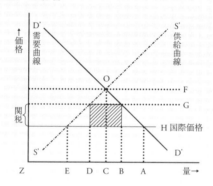

　D'D'はある財の国内の需要曲線、S'S'は供給曲線とすると、価格はF、生産量（消費量）はCとなる（均衡価格・均衡数量）。国際価格をHとし、自由貿易が行われれば、国内生産量はEに減少し、輸入量はA－Eとなる。

　そこで、G－Hの関税を課したとするとその商品の輸入品価格はHからGに上昇するので、国内生産量はDに増加し輸入量はB－Dに減少する。ちなみに政府には斜線部分の関税収入が入ることになる。つまり保護関税を賦課することで国内生産量を増加させ、輸入数量を減少させたのである。

第3章 市場のしくみ

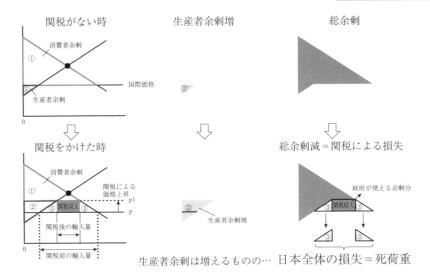

　関税がない場合は、国際価格で取引が行われるので、消費者余剰は①、生産者余剰は②です。関税をかけると、価格が上昇（p→p1）し、輸入量は減ります。消費者余剰は①から①'に減ります。反対に、国内供給量は増え、生産者余剰は②から②'に増えます。生産者余剰＝得が増えるので、生産者は「保護貿易」を要求するのです。

　ただし、関税をかけることにより、日本全体の総余剰は、③部分だけ減少します。これは死荷重といって、日本全体の損失になります。関税は輸入量を減少させ、国内市場は、貿易がなかったときの閉鎖経済の均衡に近づきます。

　コメの関税は1キロ当たり402円（2015年現在）ですから、10キロ4020円という関税になります。単純計算で、10キロのコメの国際価格445円＋関税が4020円、合計4465円となり、この価格を払ってまでも外国産のコメが欲しいという消費者はいません。

　関税を負担するのは、日本の消費者です。消費者→関税→政府収入、要するに、関税は、消費者から政府への所得の移転です[11]。その後、政

府は、裁量によってその関税収入を使います。農水省によれば、2012年度の輸入バター4000トンから、特殊な関税制度により農畜産業振興機構に入った輸入差益は23億円です。それは酪農家への助成に使われるとされています。

ですから、関税を引き下げると、恩恵は消費者に行きわたります。収入のうち、食品支出の占める割合は、低所得者層の方が高所得者層より多くなっていますから、農産品の関税が撤廃されると、恩恵は高所得者層よりも低所得者層により多く行きわたります。これは、消費税の軽減税率よりも低所得者層の負担を和らげる効果が高く、格差是正に役立つといわれています。

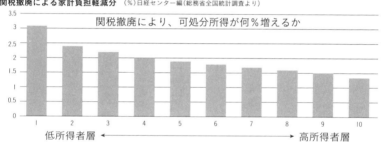

関税撤廃による家計負担軽減分 (%)日経センター編(総務省全国統計調査より)

■補助金を払った場合の余剰

政府が、関税ではなく、関税と同じ額の補助金を、コメ農家に供出した場合、余剰はどのように変化するでしょうか。

---

11 アメリカのトランプ政権下、メキシコとの国境に壁を建設するとの政策が進められる予定です。その際、建設費用はメキシコからの輸入に対し「関税」をかけることで補うとしていますが、その関税を支払うのは、アメリカ国民です。結局、自国民の負担で壁を建設する、ということになります。

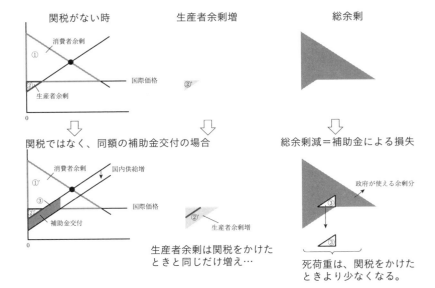

　補助金が出されると、生産者の費用が補てんされ、供給曲線がシフトします。生産経費が安くなるからです。国際価格は変化しませんので、消費者余剰は変わりません。生産者余剰は、関税をかけたときと同じ分だけ、増えています。次の図の③の部分が死荷重となりますが、関税をかけたときよりは小さくなっています。すなわち、**生産者保護をするなら、関税をかけるよりも補助金を出す方が、国全体にとっては望ましい**ということがわかります。

　このように、貿易は、日本全体の総余剰を増やします。貿易前よりも貿易後の方が、社会全体の余剰は増えています。中でも、一番望ましいかたちは、総余剰が最大になる自由貿易です。
　余剰減となる生産者のことにも配慮するのであれば、関税よりも補助金の方が望ましいということになります。しかし、ここでもっとも大切なことは、関税を課そうとも、補助金を支給しようとも、貿易によって

社会全体の余剰は増えるということなのです。

「TPPでバラマキはせず」日本経済新聞　2015年11月12日

TPPは関税撤廃率が95%に達し、農産品では8割の品目で関税がなくなる。国内の農業関係者は深刻な打撃を懸念し対策を求める声が強い。

「農家の収入、保険で補償　TPP対策　保険料は国も負担」日本経済新聞　2015年11月12日

農林水産省は農産物の値下がりによる農家の収入減少を補償する「収入保険」の詳細を固めた。実際に年収が下がった場合、過去5年間の平均年収の8〜9割の金額に達するよう保険金で補填する。保険料は国が半分程度負担する方向。保険にはコメ、麦、牛肉などどんな品目を生産する農家でも入れる。…農水省は保険料を国費で補助することを検討する。年数百億円規模とみられる。

ですから、上記の**保険料の一部を国が負担する政策は、経済学的効率の観点からは問題がない、望ましい政策**であることがわかります。だれもが Win-Win は、実現可能なのです。

■補助金だらけの農産物市場

世界の農業は、まさに「補助金漬け」です。どのくらいすごいのかというと、EUの農家は、事実上「公務員」といえるほど、収入のほぼすべてを補助金でまかなっています。

EU予算で一番多いのが農業予算です。その農業予算額は、約4200億ユーロで、そのうち農家への直接支払いは毎年40億ユーロを超えています（1ユーロ＝132円／2015年末）。（農水省「平成25年度海外農業・貿易事情調査分析事業報告書」）

第3章　市場のしくみ　173

農家純所得に占める補助金割合(%)　農水省　平成24年度EU報告書			
スウェーデン	545.9	オランダ	110.8
フィンランド	278.2	イギリス	105.4
フランス	179.7	オーストリア	88.9
ドイツ	151.2	ポーランド	76.5
アイルランド	117.2		

　EUで最も規模の大きいイギリスの穀物経営（平均規模200ヘクタール）でも、全国平均で見れば経常収益1万5000ポンドの赤字（1ポンド＝178円／2015年末）で、それが全て補助金でカバーされ黒字になっています。補助金の額は、穀物農家の平均で5万ポンドです。これが、EU農業の実態です。EUは「公的資金」で農業をやっているのです。

　EUだけではありません。アメリカの小麦代の62.4%、コメ代の58.2%は、政府が払っています。

農業所得に占める直接支払い(財政負担)の割合	
国名	%
日本	15.0
アメリカ(全体)	26.4
小麦	62.4
トウモロコシ	44.1
大豆	47.9
コメ	58.2
フランス	90.2
イギリス	95.2
スイス	94.5

鈴木直弘他『よくわかるTPP48のまちがい』農村文化協会　2012より

　一番効率よく砂糖を生産するには熱帯のサトウキビを使うことです。

しかし、EUもまた砂糖の輸出地域です。寒冷なEUでは、サトウキビは栽培できないのですが、補助金で、砂糖大根（ビート）を生産し、輸出しているのです。

アメリカも、砂糖の輸入数量規制をしています。国内砂糖産業を保護するためです。その結果、世界一砂糖を消費するアメリカの砂糖価格は、国際価格より高くなり、消費者が失った余剰は60億8000万ドル、輸入規制による死荷重は21億9000万ドルになります。しかしこの数量規制を止めると、アメリカの砂糖産業で3000人の雇用が失われることになってしまいます。アメリカの消費者が、この雇用者1人を守るために払っている費用は、202万6667ドルにも上ります（ハバード『ハバード経済学Ⅱ』日本経済新聞出版社　2014）。

このように、どこの国も、こと農業に関しては補助金漬け、高関税だらけです。バターの関税率は、カナダ300％、EU200％、アメリカ120％です。関税率は、カナダのチーズで245.4％、米国の脱脂粉乳で100％です。日本は米国牛に38.5％の関税をかけていますが、アメリカも日本牛に26.4％の関税をかけています（2015年現在）。

日本の関税率　2014年現在			
こんにゃくいも	1706％	小豆	403％
えんどう豆	1085％	バター	360％
米	778％	砂糖	328％
落花生	593％	大麦	256％
タピオカでんぷん	583％	小麦	252％

先進国と途上国の区別なく、どの国も農業に関してだけは、高関税です。リーマン・ショック後の穀物価格暴騰で国内暴動が起こり死者まで出た、エジプト、カメルーン、ブルキナファソも高い関税をかけています。

農作物に高関税をかけるのは、農産物が余っているからです。どの国も余っているから、入ってこられると困るのです。「ある国で足らず、一方、ある国で余っているのであれば、その貿易が問題になることはない。それに対して, 双方が余っている場合には押し付け合いになる[12]」のです。エネルギー資源に関税をかける国などありません。

日本の耕作放棄地は40万ヘクタールもあり、滋賀県と同じ面積です。世界でも同じです。休耕地は、増加の一途です。その一方、穀物生産量はどんどん増えています。

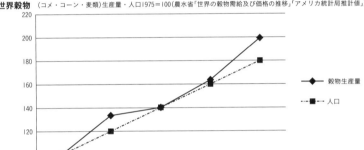

世界穀物 （コメ・コーン・麦類）生産量・人口1975＝100（農水省「世界の穀物需給及び価格の推移」「アメリカ統計局推計値」）

川島博之　日本経済新聞　2016年10月3日
国連食糧農業機関（FAO）によると、1人当たりの穀物供給量は1961年の128キログラムから2001年には149キログラムに増え、食肉の供給量は23キログラムから37キログラムに増えています。人口急増の時代でも食料は人口を上回って増えていました。この事実を知れば、人口増加率が急低下する21世紀において、世界食料危機を心配する必要はないと考えられます。

12　川島博之他『日本の食糧戦略と商社』東洋経済新報社　2009、p21

耕地面積は減少しているのに、穀物生産が伸びているのは、戦後の化学肥料（空気中の窒素を化学的に閉じ込めた）の普及と、品種改良によるものです。たとえばフランスの単位面積当たり小麦の収量は、1950年当時1ヘクタール当たり1トンだったものが、今世紀には8トンになりました。

除草剤や害虫に強い、遺伝子組み換え（GM）作物の作付面積は、2013年に1億7520万ヘクタール、1996年の100倍に増えました（国際アグリバイオ事業団　ISAAA）。それにより、農薬使用量は1996年〜2012年の間に50万トン（8.8％）減り、そのコスト削減効果で、農家の所得は188億ドル（2兆　2560億円）増になりました（英コンサルティング会社PGエコノミクス）。

すでに、日本の主要4作物（コーン、大豆、ナタネ、ワタ）の総輸入量1620万トン（2013）のうち、GM作物の割合は8割を超え、1000万トンを超す、堂々たるGM作物輸入大国になっています（中国に次ぐ）。

たまに、「世界の人口が増えているので食糧不足が心配」という声を聞くことがありますが、これは因果関係を完全に取り違えています。人類の歴史ではいつでも、「食料生産を増やすことができたので、人口が増えた」という因果関係になっているのです。1950年から2005年の間に、主要3穀物（コメ・コーン・麦）の生産は約4.3倍になり、その間に人口は2.6倍になっています。穀物の生産能力は、今も上昇の一途です。

東京書籍『現代社会』p171

世界全体の年間穀物生産量は約20億tで、120億人が生きるのにじゅうぶんな量であるが、実際には先進国を中心に約4割が家畜用の飼料となる。そして、先進国の食料過剰の一方で、発展途上国では5人に1人が深刻な栄養不足に悩んでいる。

アメリカでは、穀物が余りすぎて、補助金漬けのコーンからバイオエ

タノールを作るなど、非効率きわまりないことも起こっています。コメ60キロ（日本人の1人当たり年間消費量）で生産できるバイオエタノールは、小型車で高速道路を250キロ走行できる程度の量にしかなりません。原油価格が高騰しているのならともかく、そうでないときにはまったく割に合わない燃料なのです。

　補助金は関税より望ましいとはいえ、やり過ぎて、市場をゆがめているのが、各国の農業政策なのです。

農水省HP　食料安全保障「平時における取り組み」より
我が国の食料安全保障のためには、平時から食料の安定供給確保のための基本的な対策に取り組んでおくことが必要です。
具体的には、輸入への依存をさらに高めていくことは、我が国の食料供給構造を不安定にするので、食料自給率の向上を目指して、国内の食料供給力の確保・向上を図ることが重要です。このことにより不測時における対応も行いやすくなります。

　これが、食糧安全保障論といわれるものです。「自給率を高めれば安定する」という考え方です。

農水省　平成27年度予算　水田関係補助金　3,530億円		
2,770億円	水田活用の直接支払交付金	水田で麦、大豆、飼料用米等を生産する農業者
760億円	米の直接支払交付金	米の生産調整に参加して米の生産を行う農業者

　日本の小麦輸入量は世界流通量の3.6％、輸入額は毎年1250億円程度です（582万トン×約21468円）。いざというときには、水田関係補助金と同程度の額で、現行量の3倍弱の輸入ができます。このような状況下、日本で「食料危機」が起こることはないのです。いざという場合、日本

はいくらでも食糧の輸入ができるのです。むしろ、安全保障の観点からは、北半球・南半球のさまざまな国との間に、輸入ルートを確保しておく方が「安全」なのです。

さらに、まだ食べられるにもかかわらず廃棄される食品ロスは、日本の場合642万トン（2012年農水省推計）で、国連が2014年に行った食糧支援320万トンの2倍になります。流通業では、2000年以降、商習慣「3分の1ルール」が広まり、賞味期限までの日数の3分の1を過ぎると、小売店には納品できずに返品・廃棄となります。規格外の商品、いわゆる市場に出せないハネ品も、一定の割合であります。

農水省はあの手この手で食糧安全保障をゴリ押ししてきます。「カロリー自給率」という指標もその1つです。

カロリー自給率　平成23年(農水省)	
カナダ	258%
フランス	129%
アメリカ	127%
ドイツ	92%
イギリス	72%
日本	39%

清水書院『高等学校　現代政治・経済　最新版』p234

　…農業生産額では世界第5位と、先進国では米国に次ぐ規模の農業大国であることも忘れてはならないだろう。

　…農業の危機として取り上げられることが多いカロリーベース自給率…しかし、総供給の3割にも及ぶといわれる廃棄分を消費量に含んでいること、畜産物の自給率を飼料の自給率から計算していることなどから…批判も強い。

第3章 市場のしくみ

　カロリー自給率は、補助金と関税でものすごくゆがんでいるデータです。この数値に、客観的説得力など、まったくありません。「食料・農業・農村基本計画（2015.3.31閣議決定）」では、耕作放棄地を含めて、「イモ類を中心に栽培すれば、1日2,462～2,754kcalを供給することが可能」と試算するなど、もはや、数字のお遊びになっています。1960年のカロリー自給率は70％、1973年は55％です。カロリー自給率は、穀物（コメ・麦・トウモロコシ）を多く作れば（食せば）、上がります。野菜や牛乳や卵、水産物や肉をより多く食せば、下がります。1961（昭和36）年、日本人は、1日に必要なカロリーの46.6％を、コメから得ていました（2005年には、22.1％）。つまり、カロリー自給率が高かった時代は、コメしか食べるものがなかったのです。

　一方、豊かになった現在は、コメではなく、イチゴ、メロン、マンゴー、有機野菜、高級肉、ふぐ、カニ、アワビ、トロ、ワイン、日本酒、チーズ、バター……など、高級食材を食べます。食生活が豊かになればなるほど、カロリー自給率は下がるのです。

　日本人が実際に払っている生産額ベースでは、国産の割合は64％を超えています。日本は世界第5位の農業大国です。

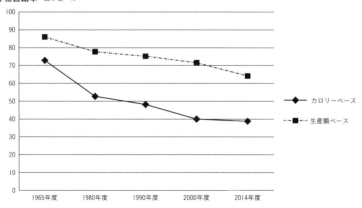

農作物自給率 農水省 ％

清水書院『高等学校　新政治・経済　最新版』p161

　…世界の食料需給や貿易に不安定な要素があるため…「食料・農業・農村基本計画」では、食糧自給率の向上が目標としてかかげられている。しかし…農産物を海外に依存してきたから、豊かな食生活を維持できたのであって、食糧自給率の数値そのものにこだわるのはあまり意味がない…。また食料自給率を高めた場合、国内が天候不順などで不作になったときには、食料供給が不安定になる可能性があり、むしろ食料の供給源を多くの国に広げておいたほうが、自給率を高めるより安定供給につながる…。

　WTO（世界貿易機関）の交渉が決裂し、事実上回復の見込みがなくなってしまった（全会一致は不可能）のも、農業がネックだからです。先進国は、補助金漬けの農産品の輸出を拡大したい、インドや中国は、国内農家を守るために輸入を阻止したい、途上国は先進国の補助金を撤廃しろと主張し、アメリカやEU地域は国内事情から応じられない……。農産物においては、世界のどこにも「自由市場」などないのです。

3　独占市場

　ここまで見てきた、完全競争市場とは、次のことを前提にした市場でした。

山川出版社『詳説　政治・経済』p120-

市場による資源配分が効率的におこなわれるには、

(1) 需要者・供給者とも多数で、価格支配力を持たず（プライス＝テーカー、価格受容者）、

(2) 需要者・供給者とも市場や商品に関する完全な情報を持ち、

（3）財が同質で、製品差別化がなされておらず、
（4）参入・退出が自由におこなわれる、という条件が満たされる必要がある（完全競争市場）。

　需要者（買い手）も供給者（売り手）も無数におり、それぞれ、市場価格を受け入れる立場で、価格決定権がありません。これを**プライス・テイカー**といいました。
　それに対し、売り手や買い手が1社（1人）しかない場合、市場のすべてを独占しているので、価格も量も、自ら決めることができます。これを**プライス・メイカー**といいます。そうすると、次のようなことが可能です。

とうほう『フォーラム現代社会2015』p182
　売り手が一人
　独占市場　売り手の思いどおりに価格設定可能（独占価格）
　もし携帯電話販売が独占市場だったら…
「うちから買うしかないから価格を高くして、改良もしなくていいだろう。」
「デザインや性能があまりよくないけどほかにないから仕方ないなぁ…」
「高いけどここで買うしかないか…」

日本文教出版『中学社会　公民的分野』p139
　独占の問題
　産業（市場）が…独占に近づくと…単独で法外な利益が得られる水準の価格を設定したり（独占価格）することがあります。そのため消費者は不当に高い価格を支払わされたり、むだな商品を買わされたりすることがあります。

これでは、需要と供給により適正な価格と量が決まる市場のメカニズムが働きません。

　企業（供給者）がもっとも避けたいのは、「価格競争」に巻き込まれることです。この競争が、いかに苦しいか、就職活動をする学生（これも供給者）や、その経験者なら、直ちに理解できることでしょう。学生は、労働市場の提供する月給の相場を受け入れるしかない存在です。その人しかいない！という、プロスポーツ選手や、芸能人でもない限り、「労働市場」の前では、学生は、単なる「労働供給者の1人」にしかすぎません。その意味では、スーパーの棚に並んだカップめんと同じで、消費者（企業）に選別してもらえるのを待つ身に過ぎません。

　ですから、自ら価格と量を決められる、プライス・メイカーは、すべての企業・生産者の究極のあこがれなのです。ブランド企業や、有名タレントは、それを成し遂げた成功者です。何しろ、同じ価値を提供できる供給者が他にないからです。

「フェラーリは夢を売る　7000台以下減産」日刊スポーツ.com　2013年5月10日

　イタリアの高級スポーツカー・メーカー、フェラーリのモンテゼモロ会長は8日、ブランドの希少価値を高めるために、高級車フェラーリの生産を今年は7000台以下に減産する方針を明らかにした。「フェラーリの限定感は商品価値の基本だ。我々は夢を売っている」と述べ…66年の歴史において最高となる営業利益を記録した。ハイブリッド車「ラ・フェラーリ」も1億5000万円以上とされ、限定499台の発売となるが、購入希望者が殺到しているという。

　2015年4月28日、49年ぶりに日本武道館でのライブ公演を行った、元ビートルズのポール・マッカートニー。チケットは、SS席10万円、S席

８万円と高額でしたが、それでも見たいファンが殺到し、あっという間に売り切れとなってしまいました（2017年のコンサートでも、同じ状況でした）。

これらの例は、「差別化による独占」の例です。別に、フェラーリや、ポール・マッカートニーのファンでもない人にとっては、その供給価格や供給量がどうだろうと、自分の生活に全く関係ありません。だから、政府が「独占禁止法」を持ち出して規制するまでもないのです。

しかし、バスや鉄道、航空機などの路線網、水道や都市ガス・電気、電話網などの社会的インフラの場合は別です。それらはすべての人々の生活に直結しています。もしも、それらを独占した供給者が、自由に価格と量を設定できたら、大変なことになってしまいます。

東京書籍『政治・経済』p124-
　企業が規模を拡大する理由はいくつかある。巨大な設備を用いる産業では、生産量を増やせば増やすほど単価が安くなる（規模の利益）から価格競争力が増し、他企業を駆逐して自然に大規模化していく。

清水書院『高等学校　現代政治・経済　最新版』p137-
　…鉄道や通信など生産規模が大きくなるほど、生産費用が低下する特質を持つ産業がある。このような産業を費用逓減産業とよぶ。費用逓減産業では、自由な経済活動にまかせてしまうと、もっとも規模の大きい１者しか生き残らないため、独占（自然独占）の問題が発生する。

浜島書店『最新図説　政経』p194
　電気・ガスなどの公益事業は、送電網やガス管などの大きな設備投資が必要で、特に規模の利益の傾向が強く、独占になりやすい。

鉄道・送電・水道・通信網などの敷設には莫大な経費がかかります。しかし、いったんできあがると、追加の可変費用はほとんどかかりません。水道の利用者を、10000人から、10001人に1人増やしても、コスト増＝限界費用の増大は、ほとんどないのです。このような産業を、費用逓減産業といい、最初の設備を敷設するまでの固定費が非常に高いという特徴があります。ですから、経費面での参入障壁が高く、他の企業が新規に参入しようと思っても、なかなか参入できません。事実上の独占になってしまうのです。

　アメリカの鉄道事業の場合、最初のころは、たくさんの民間会社が参入していました。しかし、規模の拡大にともなって、鉄道企業の買収・独占化が進み、19世紀末には、運賃の高止まりに至りました。これが、連邦政府が委員会を設置し「規制」というものが始まるきっかけになりました。

　今日でも、鉄道、バスなどの公共交通機関、電気・ガス・水道などは、独占企業が、不当な利益を独占するのを防ぐために、政府による許認可制度となっています。

第一学習社『最新 政治・経済資料集　新版2015』p204
「独占・寡占への規制」
　企業間競争の結果、競争力の弱い企業が淘汰され、市場における競争原理が十分にはたらかなくなると、市場機構によって資源の最適配分が行われなくなる。
　そのため、政府は消費者の利益を保護…するために、独占禁止法に基づいて…、独占や寡占の弊害を取り除いている。また、電力やガスなどは設備にかける金額が非常に大きいため、多数の企業が参入できず、自然独占となる。これに対しては、政府は割高になりがちな料金を抑えるなどの規制を行うことが必要となる。

①売り手独占の場合

　独占企業に対する価格規制がないと、企業はかならず価格を引き上げます。企業の目的は「利潤（もうけ）の最大化」でした。「利潤＝収入－費用」です。その「利潤（もうけ）の最大」点は、独占市場の場合、均衡点より必ず高くなるのです。下図のように、独占時の価格は高く、量は少なくなるのは、利潤を最大化するメカニズムによるのです。

第一学習社『最新 政治・経済資料集　新版2015』p204
「独占の場合の価格設定」
　売り上げ総額から生産費を引いた額が企業の利潤となる。…売り手独占市場の場合、独占企業（供給側）は利潤を最大化するために価格を上げて、販売数を少なくする。…消費者（需要側）は高い価格で買うしかなかったり、買いたくても買えないという不利益を被る。

第一学習社『最新 政治・経済資料集　新版2015』p204

独占時の場合の価格決定

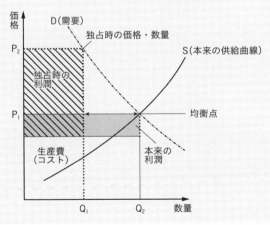

独占企業が直面する需要曲線は、右下がりになります。完全競争市場の場合は、卵生産者のAさんの直面する需要曲線は水平でした（p117）。しかし、独占企業の場合、その企業が市場における唯一の供給者なので、その需要曲線は「市場需要曲線」です。それが、前ページの「独占時の場合の価格決定」というグラフになります。独占企業が価格を引き上げると消費者は購入を減らします。さらに供給量を減らすと、価格が上昇します。独占企業は自由自在に「価格も量も」コントロールできるのです。これが、完全競争市場のプライス・テイカーとは違う、プライス・メイカーの特権です。

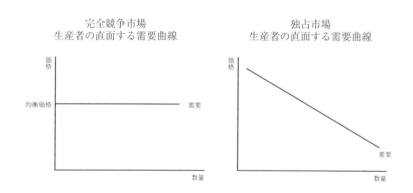

　完全競争市場の場合、供給者もまたプライス・テイカーで、その市場価格を受け入れざるを得ませんでした。反対に、独占企業はその市場で唯一の供給者なので、企業が直面する需要曲線は、市場の需要曲線になります。

　たとえばある菓子店が、その町で唯一のケーキ生産者の場合、「価格を高くすると、需要量が減り、価格を低くすると需要量が増える」という、需要曲線に直面することになります。

　この独占市場で、独占企業が得られる収入について考えてみましょう。

第3章　市場のしくみ　187

帝国書院『アクセス現代社会2015』p170

独占市場：限界収入＞価格

	販売量	1000個 （1単位）	2000個 （2単位）	3000個 （3単位）	4000個 （4単位）	5000個 （5単位）
独占市場	価格 総売上額 限界収入	320万円 320万円 280万円	300万円 600万円 240万円	280万円 840万円 200万円	260万円 1040万円 160万円	240万円 1200万円

　一方、独占市場では、一企業の生産量や価格がそのまま市場全体の生産量や価格となる。そのため、ケーキ1000個が320万円でちょうど売り切れていたとすると、2000個生産した場合は、320万円のままだと供給が需要を上まわるために売れ残り、300万円に値下げせざるをえなくなる。さらに生産量を増やすとさらに値下げせざるをえなくなる。こうして独占市場では単位あたりの限界収入は低下し、価格を下まわることになる。

③独占市場における価格の決定　解説─企業は利益が最大になるように生産量を決定する。商品をもう一単位つくって売ったときの収入（限界収入）ともう一単位つくったときにかかる費用（限界費用）が同じなら、これ以上利益は増えず、企業はそこで生産をやめる。…独占市場では完全競争市場よりも、生産量は過少になりがちで価格は上昇する傾向がある。

　完全競争市場の場合は**「限界収入＝価格」**でした。一方、独占市場の場合は**「限界収入＜価格」**となります。

　上のケーキの数値例で考えてみます。価格が3200円の場合は、1単位（1000個）が売り切れる＝総売り上げ320万円とします。価格は3200円、量は1単位（1000個）です。完全競争市場の需要曲線は右下がりでしたので、価格が3000円の場合は、量は2単位（2000個）（総売り上げ600万円）、2800円の場合は、量は3単位（3000個）（総売り上げ840万円）と

いうふうになります。これが、このケーキの需要曲線です。

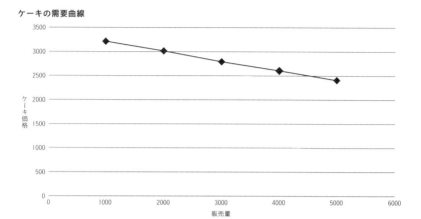

一方、限界収入とは、ケーキを1つ（1単位）追加生産したときに得られる収入のことでした。

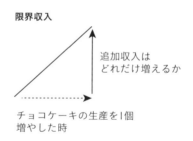

価格を3200円→3000円にしたとき、数量は、1単位（1000個）→2単位（2000個）になっています。総売り上げは、320万円→600万円で、280万円増えています。ケーキ1個当たり2800円増えていますので、これが限界収入です。

また、価格3000円×量2単位（2000個）（総売り上げ600万円）から、

価格2800円×量3単位（3000個）（総売り上げ840万円）となると、売り上げの増加は240万円、限界収入はケーキ1個当たり2400円となります。独占市場の場合、需要曲線が右下がりなので、限界収入も右下がりになり、どんどん少なくなっていきます。

ケーキ1個当たり価格	3200	3000	2800	2600	2400
売り上げ個数	1000	2000	3000	4000	5000
限界収入（追加1個当たり収入）	2800	2400	2000	1600	1200

この表から、独占市場の場合、「限界収入＜価格」になっていることがわかります。これを、先ほどの需要曲線に加えると、次のようになります。

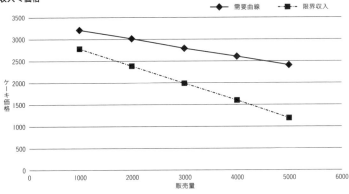

次に、独占企業の供給曲線はどうなるでしょうか。実は独占企業には供給曲線がありません。供給曲線とは、与えられた価格のもとで、それぞれの生産者が供給してもよいと思う量を合計したものです。独占企業は価格を自ら設定するプライス・メイカーであり、なおかつ1社なので、

量も自ら決定することが可能です。ですから、完全競争市場の場合「限界費用曲線＝供給曲線」でしたが、独占企業が直面しているのは自社の限界費用曲線だけです。

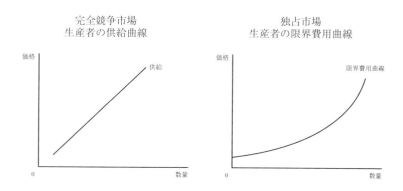

このグラフに、需要曲線・限界収入曲線のグラフを加えてみます。

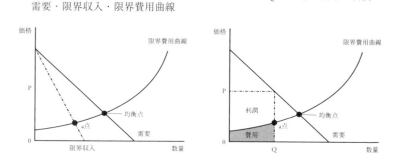

独占企業は、価格と量を自由に変化させることができます。目指すのは、利潤が（収入－費用）が最大となるポイントです。収入は、総売り上げ P × Q の四角形部分です。費用は、限界費用曲線の下の部分です。収入から費用を引いた利潤が最大になるように、価格と量を調整できる

のが、独占企業の市場支配力です。
では独占企業は、どの価格×量を選べば、利潤を最大にできるのでしょうか？ そこに、先ほどの「限界収入」が関係してくるのです。

限界費用と限界収入（最後の1単位を追加したときの費用と収入）が一致する点が、企業にとっての最大利潤の点です。グラフ上

最大の利潤点とは？

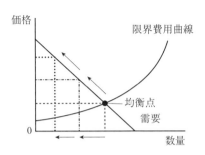

では、a点になります。このa点で選択した量は、本来の望ましい社会全体の均衡点を下回っています。このときのケーキの価格と供給量は、次のようになります。

独占企業の価格と生産量

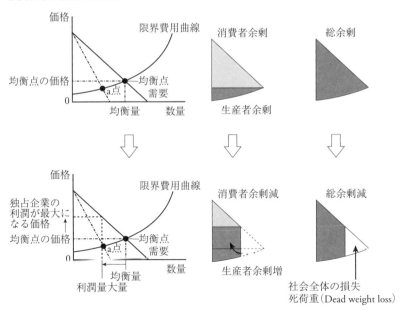

独占企業は、望ましい均衡点より供給量を減らし、価格を上げます。これは、利潤を最大化するための合理的な行動です。生産者余剰は拡大しますが、消費者余剰は減ります。社会全体の総余剰は減少し、死荷重が生じます。独占は、社会全体の総余剰を減らすのです。

独占がまずいのは、企業が合理的に行動するがゆえに、社会全体の総余剰が減少するからです。「社会全体の恩恵が減る」、「効率的な資源配分がなされていない」ということなのです。「独占企業がもうけるのはけしからん」という話ではないのです。ですから、政府は「独占禁止法」で、市場に介入するのです。

ここで、p152の、「農作物廃棄」について、もう一度そのグラフを見てみましょう。このグラフは、今まで説明してきた「独占市場」のグラフと全く同じしくみを表しています。

東京書籍『新しい社会　公民』p125

農産物や魚介類などの価格は、需要と供給の変化に応じて速やかに変化しますが…寡占化が進むと、価格競争は弱まり…価格（独占価格）や生産量を決めることになりがちです

北羽新報 hokuu net news　2008年12月6日

ハタハタ漁きょう再開　県漁協北部支所

値崩れを懸念し、2日夕から「沖止め」をしていた（引用者注：秋田）県漁協北部総括支所管内の季節ハタハタ漁は、きょう6日午後3時から操業が再開される。同支所管内の季節ハタハタ漁は、今月1日から漁獲量が一気に増加し、1日に54・6トン、翌2日にも43・9トンの水揚げを記録したが、豊漁で値崩れが懸念されたことから、同支所管内では2日午後4時までに網を引き上げ、沖止めの措置をとってきた。

農家がキャベツを処分したり、漁業組合が出漁を制限したりするのは、彼らがプライス・メイカーだからです。これは、キャベツ農家が、その地域のキャベツ市場を支配する力を持っていることを示します。需給を調整し、その所得補償をするという政府の政策は、それを後押ししています。

②買い手独占の場合（政府による買い手独占のしくみ）

■小麦の購入独占

　日本で使用している小麦は、輸入が9割、国産が1割になっています。その輸入の9割を占め、独占的輸入を行っているのが日本政府です。

小麦の日本国内シェア（平成22-26年度平均・農水省）		
政府による輸入	512トン	77%
民間による輸入	70トン	10%
国内生産	85トン	13%

　小麦は約252％（55,000円／トン相当）という輸入関税になっています。しかし、この価格を払って輸入している業者がほとんどいないのは、政府から購入した方が安いからです。

　政府は、輸入価格に、17,000円／トン相当のマークアップ率（事実上の関税）を上乗せして国内製粉業者に販売します。小麦の国際価格は178.9ドル（約21,468円／トン、2015.12月現在）ですが、政府が国内製粉業者に売り渡す価格は、56,640円／トン（H27年10月期）になります。関税を払うより、マークアップの方が安あがりなのです。ここから得られるマークアップは、年間800億円程度になり、「製粉振興会」経由で、国産小麦の補助金に充てられています。民間業者であれば、完全に独占禁止法違反になる水準ですが、政府機関なので、例外です。

小麦価格

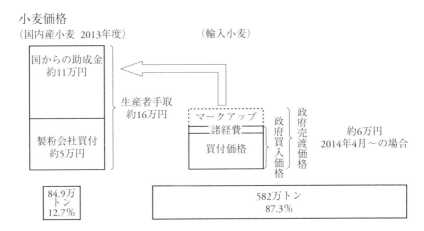

このような高コストの小麦を使用するため、国内製粉業者の作る小麦粉加工製品は、国際価格よりも高くなります。そのため、たとえば輸入パスタには20〜30％という関税をかけ、日本国内の製粉業者を守っています。関税を負担するのは消費者です。日本国内の製粉業者は、大手4社による寡占市場になっています。

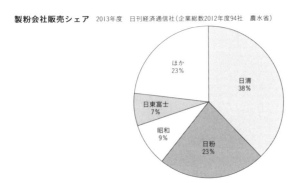

製粉会社販売シェア 2013年度　日刊経済通信社（企業総数2012年度94社　農水省）

ちなみにこのマークアップ率は、TPP交渉で、9年間に45％削減されることになりました。

第3章　市場のしくみ　195

■バター独占

「バター増産　生クリームにしわ寄せ」日本経済新聞　2015年12月19日

　生クリームの供給がバターの増産に揺さぶられている。…一方の増産に回すと片方が作りづらくなる。生乳の調達に市場原理を導入する改革に乳業大手が抵抗…。…国内でバター生産量がやっと増えた。…それでも卸値は29年ぶり高値だ。…バターを増やすと他の乳製品が減ってしまう。…政府が10月までにバター1万トンを緊急輸入し、農水省や乳業団体は「この冬は不足しない」と話す。ただ小売価格は200グラム430円を超え過去最高だ。農水省以外の省庁には「取引が硬直的で貿易も制限するから…」との声もある。…輸入バターは高い関税や独立行政法人への手数料が上乗せされ、価格が海外の3～4倍に膨らむこともある。…国内乳業会社は保護されている形だ。価格面で不利益を被るのは消費者だ。…環太平洋経済連携協定（TPP）で日本は年間3719トンのバター輸入枠（6年目）を設けるものの、不足する約1万トンは補えない。

　政府が足りないと判断すれば国家貿易という別枠で輸入する。輸入品は乳業会社が入札で買い付ける制度で、バターの不足時には落札価格が高くなりやすい。実際の輸入価格との差額は農畜産業振興機構を通じ補助金の財源となる。バターを品薄にするのは財源確保のためではないのかという声さえある。

　ここ数年、毎年のようにバターの不足と価格高騰が話題になります。このバター市場も、官製独占市場です。

　まず、加工用の生乳は、減っているわけではありません。

減っていない加工用生乳 生乳生産量 万トン 農水省

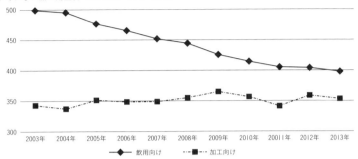

国内生乳生産の5割超を担っているのは、北海道です。北海道の生乳は、ほとんどがバターやチーズなどの加工品生産に回り、その結果、バター用加工乳の9割以上が北海道産です。

生乳生産 750.8万トン シェア 農水省

生乳生産 750.8万トン 用途別シェア 2013年 農水省

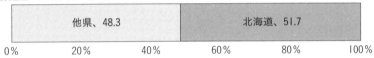

加工向けは飲用向けより乳価が安く、バター用は約半額になります。その分、農家は国の補助金をもらいます（180万トンを限度に1リットルあたり12.8円）。ただし、もらう条件は、原則全量を北海道農業協同組合連合会（ホクレン）に委託しなければならないというものです。50年前に制定された「加工原料乳生産者補給金等暫定措置法」に基づく「指定生乳生産者団体制度」です。ホクレンは、北海道の生乳の98％を購入しています。

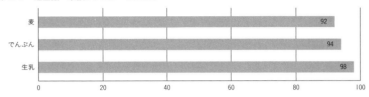

ホクレン　道産品　取扱いシェア　(%)2013年

　ホクレンの農作物取扱高は、1兆375億円（2014年）で、ホクレンを通さない取引は、北海道では例外扱いです。同様に、全国でも農水省指定の「10団体」が、各地域の購入を独占し、生乳の9割以上が「指定10団体」に流れます。株式会社では、独占禁止法に抵触する基準ですが、農業協同組合は「措置法」により適用除外になっています。生産性の高い北海道の生乳を流通させずに各都府県の酪農家を保護し、同時に北海道の乳業メーカーを優遇する政策です。農協と乳業団体による手数料だけで、生乳取引価格の1割に上ります。

> 「生乳　地域差1.6倍」日本経済新聞　2016年3月17日
> 　2014年度の乳価（平均値）は北海道が1キロ82円で最も安く、九州104円、東北105円、関東107円、四国111円など。…これだけ価格差があれば北海道以外の酪農家は淘汰されそうだが、生乳の流通が特殊なため淘汰は起きない。

　そのホクレンは「15年度はバター生産を優先し、生クリーム向け生乳は前年並みまでに抑える」と明治や雪印メグミルクと約束を交わしました。そうすると、コンビニスイーツなどで需要の急増している生クリームが、生産減になります。チーズ・バターや、生クリームといった加工製品の需要が伸びる一方で、加工用生乳の量は変わらないのですから、不足分は輸入になります。

　バターの輸入は、農水省所管「農畜産業振興機構」が、独占して行い

ます。同機構は、国内の需給・価格動向を見極め、輸入するバターの数量・時期を決め、指定した輸入業者だけをバターの入札に参加させます。

バターの600トンまでの輸入は、一次関税35％が課せられ、それを超える輸入には二次関税29.8％＋179円／キロに加え、農水大臣が定めるマークアップが課されるしくみです。2014年の輸入量は1.3万トンもありますので、ほとんどが二次関税を課される輸入になります。

その結果、バターの価格は国際価格の4倍以上になります。この価格では、業務用が最優先され、一般消費者には回りません。

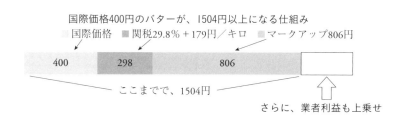

農畜産業振興機構
「徴収されたマークアップは、乳製品の原料となる生乳を生産する生産者（加工原料乳生産者）の経営安定対策に使われます」

「今年、バター卸値29年ぶり高値」日本経済新聞　2015年12月29日
　2015年はバターの高値が目立った。…平均小売価格も1箱（有塩）200グラムで一時436円まで上がり、過去最高値だった。国際価格は夏に13年ぶりに安値をつけた。だが日本は輸入バターに実質で360％の関税をかけている。政府は緊急輸入した1万トンを10月末までに売り渡したが、業者間の取引は高値となった。

バターの国内産供給は、2016年度、8200トンが不足する見通しとなっています（Jミルク調べ）。政府は、牛乳やバターの原料になる生乳の

流通で、農協への独占を撤廃する方向へ舵を切りました。2016年6月2日の閣議決定で「規制改革実施計画」に盛り込まれました。

■血液製剤──政府による需給調整

　一般財団法人・化学及血清療法研究所（化血研、熊本市）が、国の未承認の方法による血液製剤を製造していた問題が、2015年に明らかになりました。ここにも、官製市場による需給調整があります。

　血液製剤市場では、1980年代までは、国内15の事業者が競争を繰り広げていました。しかし80年代末、薬害エイズ問題が起こります。そこで、国は原料を原則国内献血でまかなうこととし、日本赤十字社が集めた血液を、国内メーカーに配分するシステムにしました。

　90年代、ヒトの血液を使用しない遺伝子組み換え製剤が、外国製を中心に普及し、血友病患者用の一部の製剤では、85％のシェアを占めるようになります。国は国内メーカーの競争力を維持するために統廃合を推進し、化血研、日本血液製剤機構、日本製薬の3法人だけが、国内献血を原料とするメーカーになります。国は2003年以降、毎年需給計画を作成し、献血の血液を3法人に配分します。

> 2013年度　政府による「献血血液」配分制度
> 日本血液製剤機構　49％　化血研　36％　日本製薬　15％

　メーカーは2013年度、血液1リットルあたり10640円を日本赤十字社に支払いましたが、需給計画に守られているため、安定した収益を得ています。血液製剤の市場規模は、1000億円に上ります。

　国は、今回の不正を受け、2015年9月に化血研のすべてのワクチンの出荷を差し止めましたが、供給不足になり、解除せざるを得ない状況です。B型肝炎ワクチンの8割が化血研製で、国がメーカーに頼んで作ってもらうという構造になっているからです。

「国が依存　対応矛盾」読売新聞　2015年1月10日

　昨年12月中旬、化血研に厚生労働省から連絡が入った。「3月までに500万人分のワクチンを製造してほしい」…発注額は20億円を超える。厚労省はその数日前…行政指導をしたばかり。…今月8日に出した業務停止命令…。…同省は、化血研の35製品のうち、8割近い27製品は業務停止の対象から外さざるを得なかった。…「国は化血研に薬を作る資格がないと言うが、国民は化血研の製品を使用せざるを得ない。こんな異常事態を招いたのは…国の責任だ」…。

　このように「独占市場」は、生産側であれ消費側であれ「資源の効率的な配分」をゆがめることがわかります。

■知的財産権——政府が独占を認めるケース

　一方、政府が独占を認めることもあります。特許や著作権です。

実教出版『高校 政治・経済』p191

　知的財産権

　生産技術に関する特許、遺伝子特許、デザインなどの工業所有権や、コンピュータソフトなどの著作権、半導体回路配置権、植物新品種保護権などからなる。

　医薬品開発の特徴は、それに費やされる長い年月と成功確率の低さです。さまざまなリスクが介在するために、新薬開発の成功率は、1つの医薬品の候補物質を発見してから1万分の1以下といわれています。

　加えて多額の研究開発費が必要となります。医薬品製造業における売上高に対する研究開発費比率は12.02％と、他の製造業に比べて際立って高い比率になっています。全産業平均は3.22％です（2010年、日本製薬工業協会）。

第3章　市場のしくみ　201

　日本で1つの新薬を開発するための費用は数百億円以上、なかには1000億円以上かかるものもあります。日本の製薬企業のうち売上高上位10社の平均研究開発費用は1,262億円（2010年）です。

2011年研究開発(R&D)実績調査　IRI(欧州委員会調査組織)			
順位	製薬メーカー	研究開発費(100万ユーロ)	対売上高比率
1	スイス　ノバルティス	7001.3（約7885億円）	15.5%
2	米　ファイザー	6805.8（約7665億円）	13.1%
3	スイス　ロシュ	6782.3（約7638億円）	19.4%
13	日　武田薬品工業	2803.1（約3157億円）	18.7%

> **「日本の製薬、生き残り策は？」日本経済新聞　2016年3月27日**
> 中外製薬会長兼CEO永山治氏「現在は1つの医薬品の開発に、失敗するものも含めて25億ドル（約2800億円）かかっているとのデータもある。2000年以前と比べると2.5倍だ…」

　また、開発には気が遠くなるほど長い時間がかかります。新薬の研究開発プロジェクトを立ち上げてから、動物実験や人を対象とする臨床試験、規制当局による承認審査を経て、晴れて市場に出るまで、最低でも10年は必要です。開発がスムーズに行かず手間取れば、20年近くかかることもあります。そこで国は、製薬会社が申請すれば「特許発明の実施をすることができない期間」として5年を上限に特許の延長を認めています。

　現在の特許法では、取得した特許権の存続期間を出願から20年と定めています。通常、治験を行う前の段階で特許の出願を行うので、その後の開発・審査に10～15年ほどかかることを差し引けば、製薬会社が実際に新薬を独占販売できる期間は5～10年ほどです。

　政府は、これらの特許や著作権を認め、製作者に高い価格と利潤を保証します。独占権が与えられることで、製作者に創作や研究開発のインセンティブが生まれるのです。

③独占の解体

2016年4月から、家庭向け電力供給が完全自由化されました。今までは、家庭用電力は、国が定める一般電気事業者（北海道電力～九州電力の10社）が独占的に提供してきましたが、ここに多数の新規事業者が参入し、私たちは自由に電力を供給する会社を選べるようになりました。

とうほう『テーマ別資料　政治・経済2015』p116

電力の「地域独占」から電力の「自由化」へ

Ⓐ電力業の歴史

第二次世界大戦前…多数の民営電力会社が林立した時代

第二次世界大戦中…電力国家管理時代

大戦後から現在…民営・発送配電一貫経営・地域独占の10電力会社
　　の時代

Ⓑ電気事業法

　安定供給が求められる公益性の高い電気事業を守るために定められた法律。

　　・10社の地域独占　　　・電気料金の認可制（公共料金）

　　・一定の利潤を保証する電気料金算定方法

［地域独占のデメリット］

①ライバル会社がいないのでコスト削減の原理ははたらかない。

②国のエネルギー政策である原子力政策推進が中心となり、巨大な利益を獲得してきた。

③巨大な利益を守ろうと、政治家・官僚・マスメディアの各界に多大な影響力を及ぼしてきた。

［自由化の内容］

ナビ 2016年から自由に電力会社を選べることになる。

①発送電分離…現在の電力会社の発電部門と送電部門を切り離す。

②発電の自由化…誰でも電力供給業者になれる。

③小売の自由化…今の電力会社以外からも電力を買えるようにする。

➡電気料金が下がる。

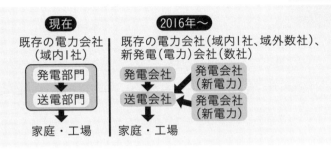

　独占は、企業にとって一番おいしいモデルですから、独占企業はそのモデルを自分から手放すことはありません。電力会社の独占の弊害は、2011年の東日本大震災で明らかになりました。原因は電力事業が始まった明治時代にまでさかのぼります。東日本地域の電力会社はドイツから50ヘルツ、西日本地域の電力会社はアメリカから60ヘルツの発電機を輸入していました。日本は輸入先の違いから東西で周波数が異なったのです。その後、周波数を統一しようと検討されてきましたが、「コスト面で実現できない」といわれていました。しかし実際のところ、東京電力は関西電力から電力の供給を受けたくないのです。独占構造がくずれ、価格競争に巻き込まれるからです。周波数の違いは、電力会社がそれぞれの地域で独占的に営業するために、正当化するための口実だったのです。震災後、独占の弊害が白日の下にさらされ、岩盤規制といわれていた電力業界の自由化が加速しました。

　新電力会社は596社（2015年3月11日現在）にのぼり、大手ではソフトバンク、ミサワホーム、旭化成、神戸製鋼といった会社が名を連ねています。市場メカニズムの導入により、今後一層の価格競争が期待でき、消費者余剰が拡大します。この自由化の流れは、さらに進んでいきます。

「発送電分離2020年義務　電力・ガス改革案を閣議決定」朝日新聞デジタル　2015年3月3日
　政府は、電力・ガス業界の一体改革を進める関連法案を閣議決定

した。電力会社の送配電網をだれもが公平に使え、家庭向けのガス販売の新規参入を認めたりする内容。

電気事業法改正案では、電力会社の送配電事業を別会社にする「発送電分離」を2020年4月に義務づける。競争しやすい環境を整える。

ガス事業法改正案では、17年をめどに、家庭向けのガス販売にだれでも参入できるように自由化する。さらに、22年4月には、ガスを送るパイプライン事業を別会社化する「導管分離」を、東京、大阪、東邦（名古屋）の大手都市ガス3社に義務づける。

2017年4月から、大阪ガスが提供開始するガスの新料金メニューでは、ガスと電気を合わせた標準家庭の年間光熱費を、年に12100円安くするプランが発表されています。

4 不完全競争市場

ここまで、完全競争市場と、独占市場について見てきました。それらの市場は、実際にはほとんど存在しないことも、わかりました。これらはあくまでも市場の効率を見極めるためのベンチマーク（基準点）となるものでした。

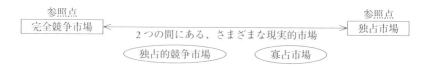

帝国書院『アクセス現代社会 2015』p169
不完全競争とは？

	独占	寡占	独占的競争
売り手・買い手	1社（1人）	少数	多数
製品差別化の程度	なし	多少ある	ある
参入障壁	非常に高い	高い	低い
主な例	電力、ガス	自動車、ビール	外食産業

解説　市場が独占や寡占の状態にある場合、売り手や買い手は価格に影響を及ぼすことができ、自由競争が行われなくなる（不完全競争）。また、例えば寿司屋という点では同じでも、回転寿司など大衆店と高級店があるように、品質などで少しずつ商品には違いがみられる。このように製品の差別化がある場合も、独占的競争と呼び、不完全競争のなかに含まれる。不完全競争が起こる背景には、公的部門の存在や生産要素の独占などがあげられる。

実際にある市場はほとんどが「不完全競争市場」です。完全競争市場とは、次のことを前提条件にした市場でした。

帝国書院『アクセス現代社会 2015』p166
完全競争市場が成立するための条件
①市場に多数の売り手と買い手がおり、すべての売り手がプライス・テイカーである
②財・サービス（商品）が同質である
③売り手も買い手もすべての商品の品質や価格に関する情報をすべてもっている（完全情報）
④取引費用（情報収集など、商品の購入にかかったお金以外の費用）がほぼゼロである
⑤市場への新規参入や撤退が自由である

この条件のうち、②同質の、③売り手と買い手が完全情報を持ってい

る商品というのは、実際にはほとんどないのです。売り手（労働市場の売り手＝求職者も含む）は、売ろうとしている商品の情報を持っていますが、買い手はわかりません。また、売っているものがすべて同じ中身であるものは、外国為替市場の「円やドル」「国債」などをのぞいては、ほとんどありません。精製されたガソリンなどの石油製品、産地の違う石炭さえ、品質に微妙な違いがあります。

ここからは、完全競争と独占の間にある、実際の市場を見ていきます。

①独占的競争市場

数研出版『高等学校 現代社会』p226
　…次に寡占市場であるが、寡占市場では少数の供給者が同質の財（製品）を供給し、差別化はないとの前提がある。しかし、厳密に考えると寡占市場は少なく、実際には、その多くが独占的競争とよばれる状態にある。これは、寡占市場よりは多数の供給者が競争的関係にあり、品質や広告等で財の差別化がはかられているような市場である。

このような市場を**独占的競争市場**と呼びます。この市場では、売り手が「差別化」をはかっているという特徴があります。差別化により、他と同じ商品を提供しないので「独占的」であり、価格の決定力を持つプライス・メイカーになれます。ただし、同業のライバル企業は非常に多いので、競争をしています。たとえば、ショッピングモールのフードコートです。

フードコートには、日本そばから、ハンバーガー、アイスクリームまでさまざまな飲食店があります。同じ種類の食べ物、同じ商品は１つもありません。これらのお店は、プライス・テイカーではありません。ラーメンが１杯700円のところ、あんかけ焼きそば店は800円という価格を

つけています。ハンバーガーが400円と安くても、どうしても900円のさっぱりとした日本そばが食べたい年配層もいます。つまり、これらの専門店は、他店と違う商品を提供することで、ことなる商品市場ごとの支配力を「独占的」に持っています。自店の商品価格をある程度自由に決められる、プライス・メイカーなのです。

　かといって、完全なプライス・メイカーでもありません。いくら違う商品を扱っているといっても、ハンバーガー店のランチセットが600円のときに、ラーメンセットに6000円という価格はつけないはずです。このフードコートで唯一のラーメン店ではありますが、ランチタイムに自店の商品を選択してもらうために、他店と競争しています。このように、完全競争市場のプライス・テイカーでもなく、かといって独占市場のようなプライス・メイカーでもなく、たくさんの競争相手がいる市場を、「独占的競争市場」といいます。そもそも、このフードコートを備えている、ショッピングモール自体が、独占的競争市場なのです。全店が、オリジナルブランドを持つ独占的企業なのです。独占的競争市場には、次のような性質があります。

　①多数の売り手がいる……同じ買い手を相手にする、多数の企業がある

　②差別化している……買い手から見ると、とても似ているが、わずかに違う商品を提供する

　③参入・退出の自由……市場には制限なく、参入・退出ができる

　私たちが目にする市場には、このような性質を持つ市場があふれています。書籍、映画、音楽、コンピューターゲーム、飲食産業、ファッション、家具、腕時計、靴……どれも１つとして同じものはありません。そして、同じ価格のものもありません。ショッピングモールの衣料店もブランドもデザインも、対象とする性別も年齢層も、それぞれバラバラ

です。

運動靴は、革靴やブーツと差別化されています。またその中でもバスケット用、トレッキング用など細かく差別化されています。さらにアディダス、ナイキ、リーボックなどブランドもたくさんあり、同じナイキでも、さまざまな素材や色、たくさんのモデルがあります。その個々の商品にメーカーは価格をつけます。商品が欲しい消費者にとっては、メーカーがつけた価格を受け入れざるを得ません。

私たちのまわりにある商品は、家やマンションから、ボールペンやガムに至るまで、「差別化」されたものばかりです。もちろん、サービス業も、航空チケット、携帯電話、冠婚葬祭、散髪代金など、すべて千差万別です。みな、わずかな「差」を作ることで、そのニッチ（市場の隙間）の独占的なプライス・メイカーを目指しているのです。

「新興バーガー、王者の隙付く」日本経済新聞　2015年11月23日
ハンバーガーを楽しむ食スタイルが変わりつつある。健康志向の高まりや食の安全問題を受け、価格が高くても上質な肉と野菜を使う新興チェーンの商品に客が集まっているのだ。まだニッチな存在だが…市場に風穴を開けている。

ハンバーガー店		←　差別化　→
↑ 差 別 化 ↓	モスバーガー	テリヤキバーガー、ライスバーガー……
	マクドナルド	チキンフィレオ、ビッグマック……
	ロッテリア	エビバーガー、半熟タマ照りバーガー……
	バーガーキング	ワッパー、BBQ レタスバーガー……
	シェイクシャック	スモークバーガー、シャックバーガー……
	フレッシュネスバーガー	クラシックバーガー、スパムバーガー……
	…	

ハンバーガー店は、他店と差別化しているのみならず、それぞれの店

内で扱う商品も差別化しています。完全競争市場の素材（鉄・石油・小麦粉・卵）のような、「同質」「同じもの」は、1つとしてありません。これが、「独占的」競争市場の最大の特徴です。

完全競争市場の商品は「完全代替性」を持ちます。ドル札や円札は、どこの銀行から購入しても同じです。少しでも取扱手数料などのコストが安いところから購入するのが得です。ですから、「完全競争市場」では、価格競争になります。小麦粉も、品種が同じであれば、どこから購入しても同じです（繰り返しますが、微妙な差異は必ずあります）。

しかし、独占的競争市場の商品は、「不完全代替性」の商品です。同じ小麦粉を使用しても、A店のパンとB店のパンは別の物です。固定客にとっては、A店がお目当てだったのに、「今日は売り切れだからB店のものでいい」とは、すんなりいきません。これが、高額で長く使う自動車の買い物となると、なおさらです。

この市場では、ニッチ（すき間）というのが、ポイントになります。この市場での価格の付け方は、独占市場の価格の付け方と同じになります。

ただし、競争市場なので、新規参入がすぐに生じます。独占のうまみを味わえる期間は、短期に過ぎません。ジンギスカンがブームになれば、ジンギスカン店があっという間に増えます。もつ焼きがブームになれば、それらの店もすぐに増えます。確かにジンギスカンやもつ焼きは、他の焼き肉店からみると「差別化」ですが、同業種にとっては、「同質」な市場になり、長期的には価格競争に巻き込まれます。価格競争になると、市場均衡価格になっていき、独占のうまみを失います。参入も容易ですが、退出を決断するのもあっという間です。

ですから、常に「差」を作り出すことが、必要になります。「差別化」こそ、企業が市場支配力を持つ、唯一の方法だからです。差別化には、次のような種類があります。

スタイルやタイプの差別化	中華料理店⇔イタリアンレストラン……
	男性スーツ店⇔ファストファッション店……
	推理小説⇔ファンタジー……
	クラシック⇔ボーカロイド……
立地の差別化	ガソリンスタンドやレンタルビデオ店(隣街の店には、わざわざいかない)
品質の差別化	食べ放題の焼き肉店⇔高級ブランド牛ステーキ店
	スーパーの板チョコ⇔ショコラティエの限定品
	ママチャリ⇔ロードバイク……

　衣料品店には、性別や年齢層を絞った店があります。ファッションビルのフロアごとに、何十という差別化された店があります。女性用バッグや靴には、種類が何種類あるのか、見当もつきません。興味のない男性にはどれも同じに見えます(そもそも興味がないので、視界に入らない)が、ファッションに関心のある女性にとっては大問題です。ベルトを1本買っただけで、それに合わせて靴やバッグも購入しないと納得できません。自動車は、スポーツカーから、セダン、SUVまで、大きさもデザインもさまざまです。

　ガソリンは、商品としては差別化できませんが、立地では差別できます。自宅や職場のそば、運転中にガソリンが少なくなった場合もそばにある店が選ばれます。ここでは人々からの「近さ」というのが差別化に当たります。レンタルDVD店や、クリーニング店にも同じ傾向がみられます。

　チョコレートやスイーツには、多くの味・素材・価格のものがあります。一口サイズのチョコが9個入って1万円を超すブランド店のチョコもあります。品質に対して支払ってもよいと思える額は、消費者1人1人で異なります。ですから、多様な質・価格の商品が提供されるのです。

　ただし、常に「差」を産み出すのは、並大抵のことではありません。コンビニの商品は1年に7〜8割が入れ替わるといわれています。即席めん市場では、年間に1000種類以上の新商品・リニューアル商品が出ま

す。しかし、生き残れるのはわずか数％に過ぎません。価格競争に巻き込まれないために、競争をしているのが現状です。

■差別化のための戦略①：広告

　供給者が広告を出すのは、独占的競争市場と次に紹介する寡占市場に特徴的な行動です。差別化された商品を販売し、限界費用を上回る価格を付け、利潤を独占的に得ている企業が、広告を出します。

　広告により、需要曲線を右側へシフトさせ、価格弾力性を小さくし、「その商品でないと、満足できない」層を増やそうとします。

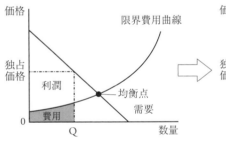

独占的競争企業が広告を出す理由

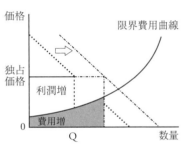

①需要を増やす

費用を増やしても、
さらに利潤が増える

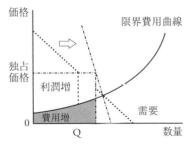

②非弾力化
（なくてはならないものにする）

広告費用がかかっても、収入が上回る限り、利潤は拡大します。価格弾力性を小さくし、価格が値上がりしても購入量を大幅に減らすことがない固定ファンをつかめば、将来的な値上げも可能です。

ですから、完全競争市場の需要曲線に直面している卵農家が、広告を出すことはありません。価格決定力がないからです。小麦粉農家やピーナッツ農家も同様です（卵業界や、生乳業界が広告を出すことがありますが、それは業界全体のためです。広告費も業界団体が出しています）。

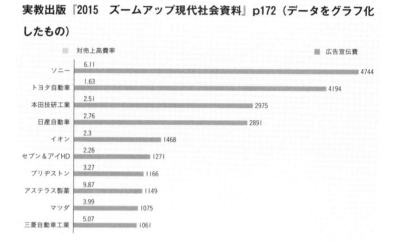

実教出版『2015　ズームアップ現代社会資料』p172（データをグラフ化したもの）

2014年（1～12月）の日本の総広告費は、6兆1522億円（電通調べ）です。広告している商品に大して詳しくなさそうな有名タレントを使ってまで広告するのは、「その商品は優れている」というアピールのためです。マスメディアに莫大な広告費を出せるのは、成功している企業です。企業が、莫大な金を払って広告を出す目的は、ただ1つ、「差別化」のためなのです。

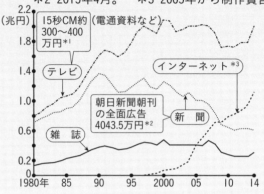

浜島書店『ニュービジョン現社』p128

広告費の推移 ＊１ ゴールデンタイム。視聴率などにより異なる。
＊２ 2015年4月。 ＊３ 2005年から制作費含む。

■差別化のための戦略②：ブランド化

　広告は、ブランドネームを高めます。ブランド化は「差別化」戦略の最たるものです。消費者の目には、ブランド名は差別化されているように見えます。

　知らない街や、知らない国を旅行する時、有名なホテルやレストランを選ぶことがあります。ブランドは、提供される商品の質と内容を、消費者に保証しているのです。もちろん、地元経営のいいホテルやいいレストランもあると思いますが、それを調べるにはコスト（時間や費用）がかかります。疲れている時や空腹時には、それを調べる気力さえないかもしれません。ブランドは、情報の非対称性を埋めてくれるものです。

　もちろん、ブランドには、自身の商品の品質を維持するという責任が生じます。一度ブランドが信用を失うと、そのダメージは長期的に続くからです。

　スーパーやドラッグストアでは、有名ブランドの商品が他の商品より高い価格で売られています。ナショナル・ブランド（NB）です。他の

商品の中にも、NBと同品質のものもあると思いますが、価格は安くなっています。つまり、NBは、価格競争には巻き込まれていないのです。

また、総合スーパーのイオンは「トップバリュー」、セブン＆アイは「セブンプレミアム」というプライベート・ブランド（PB）を持っています。両者ともに、広告宣伝費では日本のベストテンに入るような有名ブランド企業です。PBは、自社のブランドを武器として、価格支配力を持つ商品を提供しています。消費者は、そこに一定の品質を見出すのです。

ですから、すべての生産者にとって、ブランドを持つことは究極の目標です。価格競争を避け、市場支配力を持つことができるからです（p182のフェラーリの例）。

商品が労働力であっても同じです。弁護士や医者が、テレビ・ラジオコマーシャルをするのも差別化、ブランド化を狙ってのことです。

有名タレント、有名モデル、有名スポーツ選手……すべて、その人だけが持つ究極のブランドです。すべての生産者はブランドを目指すのです。

どの業界で働くにしても、みな「ちょっと違う」とか、「個性」とか、「独自の視点」（もちろん、国家資格や検定技能は当然「違い」に含まれます）などが重宝されます。その「違い」が仕事を生むのです。「ブランド」がない、「差」がない労働者は、時給や月給という、消費側（雇い主）が提供する価格競争にさらされることになります。

ブランドは、価値があるモノなので、企業はブランド名の無断使用や、偽ブランドには法的対抗手段をとります。ブランド、信用を維持するために、莫大なコストをかけているからです。

「コーク」は、コカ・コーラの独占ブランド名です。アメリカでは、レストランで「コーク」と注文し、ペプシ・コーラなど、別なコーラが出てくると、コカ・コーラ社の法務部がそのレストランに警告を出します。「コークは、コカ・コーラの登録済み名称です」（『ハバード経済学Ⅱ』

より）。

②寡占市場

実教出版『最新現代社会』p96

あなたは、コンビニでペットボトルのお茶を購入したことがある
だろう。大手飲料品メーカーが生産したお茶は、ほぼ同じ価格で販
売されており、見た目や味にもそれほどの違いを感じない。

今日では、市場の寡占化が進み価格における競争が十分に行われ
なくなる場合もある。寡占市場においては、市場における有力な企
業がプライス―リーダー（価格先導者）となって価格を設定し、そ
の他の企業がそれに合わせるようにするということがしばしば行わ
れる。このようにして設定された価格は、管理価格とよばれる。こ
のような市場では十分な価格競争が行われず、価格の下方硬直性が
見られるようになる。このような競争を非価格競争という。

寡占市場では、企業間で価格や生産量、売り先などについて協定
が結ばれる場合もある（カルテル）。このような市場では、自由競
争のもとでは実現されていた効率的な資源配分がゆがめられること
になる。カルテルは違法行為として独占禁止法に定められており、
公正取引委員会がその監視にあたる。

寡占市場とは、売り手（時には買い手）が少数の市場です。家庭用ゲ
ーム機では、任天堂1社で年度末の販売台数の65.1％を占めていますし、
自動車も、大手3社が新車販売台数の半分以上を占めています。パソコ
ン、テレビ、携帯電話なども同様で、全生産高を上位数社の企業が占め
ています。

他にも、シャンプー・リンス市場、インスタントカップめん市場など
があげられます。

この市場の最大の特徴は**「価格競争をしない」**ことにあります。極端な例では、見事に横並び、１円の違いすらありません。

	1980年	1986年	1993年	2004年	2015年
読売新聞	2,600円	2,800円	3,850円	3,925円	4,037円
朝日新聞	2,600円	2,800円	3,850円	3,925円	4,037円
毎日新聞	2,600円	2,800円	3,850円	3,925円	4,037円

ビール大びん価格 値上げ発表日	1990年 300円	1994年 330円	1997年 332円	2005年～ オープン価格
アサヒ	3月5日	4月18日	2月17日	
キリン	3月2日	4月12日	2月4日	現在も横並び
サッポロ	2月27日	4月19日	2月18日	
サントリー	3月5日	4月19日	2月10日	

他にも、寡占ビール会社が作る、発泡酒・第三のビール・チューハイ・ノンアルコールビールでも、商品価格は、横並びになっています。

とうほう『フォーラム現代社会2015』p178

「キリンだけ安くすると商品の格が落ちる。他社より高くしたいが、安くは絶対にしない。…それに値上げをしないと、他社もあげられず、業界全体が苦しくなり、恨みをかう。卸・小売りも敵にまわすことになるからだ」（〈キリン〉の営業部長談『朝日新聞』1970年10月15日）。

　ここで〈キリン〉が値上げをしないと他社もあげられないといっているのが注目される。値上げの口火を切るのはつねに〈サッポロ〉、〈アサヒ〉であるが、真のプライス・リーダーは〈キリン〉であることを言外ににおわしているからである。

プライス・リーダーとは、価格先導者のことで、「横並び価格」の実質的な決定者を示します。そのプライス・リーダーが決定した価格が

「管理価格」で、上記のように「横並び価格」を示します。価格を「管理」できるのですから、「プライス・メイカー」です。一度上がった価格は、下がることはありません。「高価格・横並び」になります。

自動販売機のコーヒーや、お茶も横並びです。業界大手は、コカ・コーラ、サントリー、キリンです。

寡占市場では、業界全体で協力して、「横並び価格＝独占価格」を維持していることになります。

もちろん、協力するといっても、陰で価格協定を結べば、「違法カルテル」ですから、独占禁止法に違反し、犯罪になります。しかし、この「管理価格＝横並び価格」は、「暗黙の了解」であり、「あ・うんの呼吸」のように、絶妙なバランスの上に成立しています。

不思議なのは、プライス・リーダーが値上げをすると、必ず他のメーカーが追随することです。本当は、他社が値上げをしたときに、自社の価格を据え置きすれば、そのメーカーの売り上げは、必ず伸びます。値上げをした１社だけが、損を被ります。しかし、そのようなことはしません。なぜ、売り上げを伸ばす最高のチャンスが目の前にあるにもかかわらず、だまって他社と同じ価格に値上げするのか……。ここに、今までの「市場」とは違う、「寡占市場」独特の論理があります。

今までの市場について、もう一度振り返ってみましょう。

完全競争市場では、次のような仮定の下に話が進んでいました。

・個人は、与えられた情報のもとで行動（選択）し、他の消費者や、生産者のことを考慮しない
・個人は、合理的・利己的で、自己の利益の最大化のみを考える

卵の市場をもう一度振り返ってみます。卵農家のＡさんも、消費者のＢさんも、自分の行動をする際に、他の生産者のことや、他の消費

者のことを全く考慮していません。

　たとえば、Bさんが選択をする際に考慮しているのは、卵の価格・日付・大きさといった目の前の情報のみです。他のお客さんのことや、生産者のAさんのことなど、まったく考えていません。目の前の情報の中で、自分にとって、一番いい選択をしています。

　また、Bさんは、自己の利益のみを考えています。スーパーで、いろいろな買い物をしている際に、「限界原理」にもとづいて、「選択」をしています。財布の中の1万円をすべて買い物に使うのか否か、あるいは、買うとしたら、何をどのくらい買えば、自分の満足度（効用）が最大になるのか。卵を買った方がいいのか、買わない方がいいのか、あるいは、買うとしたら、どの価格の卵を買うのか。これが、消費者の合理的選択です。この消費者Bさん、Cさん、Dさんの集合が需要曲線でした。

　一方、生産者も、自己の利益を最大化するように行動します。価格は、限界原理に基づいて、決まっていました。与えられた価格のもとで、自己の利益を最大化するように行動します。

　このように、消費者も、生産者も、考えているのは、自己利益の最大化です。その結果、実現する均衡市場は、社会全体の総余剰（消費者利益＋生産者利益）を最大化するものになりました。

（独占市場でも同じです。独占市場での生産者もやはり、自己の利益の最大化を目指しています。この場合も、他の消費者のことは考慮しません。あくまでも、「自己の利益の最大化」が目標です。）

　このような完全競争市場のことを、**一期一会の匿名性市場**といいます。その商品や、あるお店で買うのは1回きりでもかまいません。旅行中など、二度と付き合うことのない相手から買うこともあります。

　また完全競争市場では、市場参加者があまりにも多く、コーヒー豆1つとっても、どこの国の誰が生産・流通に加わっているのか、さっぱりわかりません。それを買うスーパーの店員さんの名前すら知りません。名前や、産地がわからなくても、購入には影響がないのです。

第3章　市場のしくみ　219

　しかも、コーヒー豆は、半年後、１年後の長期を考えて買うわけではありません。「今、私がコーヒー豆を買うことによって、コーヒー豆市場の相場がこのまま維持されるだろう」「そうすると、私は１年後も今と同じ価格で、価格変動に巻き込まれることなく、コーヒー豆を買うことができるだろう」などとは、まったく考えていません。考えているのは、「今」のみ、「今日、明日、一週間」に飲むためのコーヒー豆です。「そろそろコーヒー豆が切れそうだから買っておこう」とか、「もうなくなったから、買わなきゃ」です。目の前の短期の話です。

　このように、完全競争市場（その一形態の独占市場を含む）は、顔の知らない者同士によって成り立つ「一期一会の匿名性市場」、「未来のことなど全く考えなくてもいい売買」なのです。

　ところが、寡占市場は違います。相手は、同じ業界仲間（ライバル）です。これからも、ずっとその仲間（ライバル）との関係が予想されます。つまり、寡占市場とは、「顔の見える競争相手」との「長期的関係」にもとづいて「未来」を予想しなければならない市場なのです。

　燃費対策・環境対策車を巡って、ホンダはトヨタの出方を予想しなければなりません。ハイブリッド車の普及を加速させるのか、燃料電池（水素）車の開発に資源を投入するのか。日産は、ハイブリッド車で行くのか電気自動車で行くのか、あるいは、どこかのメーカーと提携するのか。つまり、トヨタは「ホンダがどう動くかを予想」し、ホンダは「『ホンダがどう出てくるかを予想するトヨタ』の出方を予想」し……という、際限のない読みあいになります。

「JXが統合交渉　出光・昭シェル合併　引き金　東燃ゼネ　再編出遅れに危機感」日本経済新聞　2015年11月16日

　JXホールディングスを東燃ゼネラル石油との経営統合交渉に突き動かしたのは、出光興産と昭和シェル石油だ。両社は来年にも合併し、JXの背中に迫る。…国内の石油製品市場は縮小の一途をた

どる。…燃料油の供給能力は販売量を24％も上回る（2014年度）。
…昨年12月の出光・昭シェルの統合交渉報道を機に、JXは様々な
再編シナリオを検討し始めた。…東燃ゼネラルにもJX、出光・昭
シェルの２強に出遅れる懸念があった。

　このように、自己の選択行動は、「相手」の動きを読みながら行われ
ます。
　また、この後の「ゲーム理論」で詳しく解説しますが、この市場では、
利益は相互に依存します。「相手を無視」して生産することができない
のです。自社の決定が他社に影響を与え、他社の決定が自社の決定に影
響を与えるのです。
　寡占企業は、市場支配力が大きいので、供給量と価格をコントロール
できます。だからといって自社の利益のみを考えて増産したり値下げし
たりすると、供給過多から価格が暴落し、結果的に業界全体の利益が少
なくなることもあります。つまり、「相手がいる市場」「相手の出方を予
想しなければならない市場」では、「現時点における自己利益の最大化
を目指せば、総余剰（社会全体の利益）が最大化する＝世の中みんなハ
ッピー」という市場原理は働かないのです。逆に、「自己の利益を追求
すると、お互いに不利益」となり、時には「最悪の結果になる」のです
から、既存の経済学ではお手上げです。
　このように寡占市場は少し特殊な状況といってよく、その本質を解明
するには新しい「ゲーム理論」による分析が必要となります。これにつ
いては次の項で詳しく見ていきます。
　ここでいったん、ここまで出てきた４つの市場をまとめておきましょ
う。

	完全競争市場	独占的競争市場	寡占市場	独占市場
売り手・買い手	多数	多数	少数	1社(1人)
主な例	卵	外食産業・アパレル	ビール、新聞	電力、ガス
	極端な例	現実に多く存在する市場		極端な例

第４章　ゲーム理論

　寡占市場のような「相手のある市場」を体系的に取り扱う理論が「ゲーム理論」です。経済分野では、完全競争市場と独占以外の、ほとんどすべての分野をカバーする理論となっています。「相手がある市場、相手の出方（未来）を予測しなければならない市場」には、ビールや新聞業界の他にも労働市場、環境市場、資源市場、国と国のおこなう軍拡市場など多岐にわたります。これらの分野も、ゲーム理論の対象です。

　なぜ、寡占市場では「価格競争をしないのか」は、ゲーム理論を使って検証することができます。まず、ゲーム理論とは何か、見ていきましょう。

第一学習社『最新 政治・経済資料集　新版2015』p321

　【ゲーム理論の研究】

　ゲーム理論はさまざまな形で研究が進んでいる。その１人が、アメリカの数学者であるジョン＝ナッシュである。ナッシュはすべてのプレーヤーが相手の戦略を考慮しながら、自分の利益を最大化するように行動しているときに成立する均衡状態（ナッシュ均衡）を理論化し、1994年にはノーベル経済学賞を受賞した。

　【ゲーム理論の基礎】

　私たちは普段、さまざまな人間関係の上に生きているが、その中では他者との交渉や駆け引きも必要になってくる。…ゲーム理論で

第 4 章　ゲーム理論　223

> ある。…現実の交渉や駆け引きでは…相手との関係を考えることが
> 必要になってくる。

　ゲーム理論は、今日では経済学以外にも、経営学、政治学、社会学、生物学、工学などにも応用されています。実社会では、研修医の病院とのマッチングシステム、電波（国が独占的に認可権）のオークションシステム、さらに、「カルテルを防ぐ仕組み（リニエンシー制度）」として実用化されています。

　ゲーム理論が適用される市場には以下の 3 つの特徴があります。

①相手がいる
②相手の出方でこちらの選択がかわる
③相手とこちらは、お互いに影響を及ぼす

また、ゲーム理論には考えるべき 3 つの要素があります。

①**プレイヤー**（具体的な相手がいる）……ゲームに参加する主体です。
　個人個人、会社などの組織、国家の場合もあります。
②**戦略**……各プレイヤーの出方のことです。「次の一手」の「手」のことです。
③**利得**（点数で表す）……プレイヤーが、ゲームによって得られる利益です。企業の場合は利潤と考えてよいでしょう。利得表を使って、点数や、○印などで示します。

1　囚人のジレンマ

　では、ゲーム理論でもっとも有名で、多くの高校教科書にも登場する、「囚人のジレンマ」というものを見ていきましょう。

第一学習社『最新 政治・経済資料集　新版2015』p321

[囚人のジレンマ] ゲーム理論で有名なのが囚人のジレンマである。まず、ある２人の囚人に対して、右下図のような条件を与える。また、２人は別々の部屋にいて意思疎通できないものと仮定する。次に、取り調べ官が２人の囚人に対して、共犯者と強調して黙秘すべきか、それとも共犯者を裏切って自白すべきかを選択させる。この場合、自白を選択する方が、共犯者の行動がどちらであっても刑が軽くなる。それゆえ、２人とも黙秘した方がお互い軽い刑になったのにもかかわらず、結果としてはどちらの囚人も自白を選択してしまうというものである。

囚人のジレンマ		
囚人B 囚人A	黙秘 （協調）	自白 （裏切り）
黙秘 （協調）	懲役 １年 懲役 １年	懲役 ０年 懲役 ８年
自白 （裏切り）	懲役 ８年 懲役 ０年	懲役 ３年 懲役 ３年

　共犯で盗みを働いた２人の囚人を取り調べ官が取り調べます。２人は別々の部屋にいて意思疎通ができないものとします。取り調べ官が、２人の囚人に対して以下のように条件を与えます。

　　1 「２人とも黙秘なら、２人とも懲役１年だ」
　　2 「２人とも自白したら、２人とも懲役３年だ」
　　3 「君が正直に自白して相棒が黙秘したら、君は無罪だが、相棒は
　　　　懲役８年だ」
　　4 「相棒が自白して君が黙秘したら、君は懲役８年だが、相棒は無
　　　　罪だ」

　この場合、２人とも黙秘すれば、ともに懲役１年の刑となり、２人に

とって一番望ましい状態になります。しかし「自分の利益を最大化する」「自己の利益のみを考える」という、合理的な行動の結果、どちらの囚人も自白を選択してしまい、懲役3年の長い刑になってしまうのです。なぜそうなるのでしょうか。

まず、この状況を以下のように「利得表」で整理してみましょう。「利得」とはいうものの、2人の囚人を待っているのは0〜8年の懲役ですから、もともと利益も得もあったものではないのですが、懲役年数にマイナスをつけて表記することにします。各マスのカンマの前が囚人Aの利得、カンマの後ろが囚人Bの利得となっています。

実現する均衡

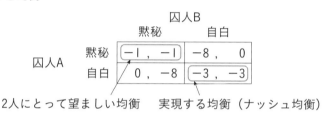

では、囚人Aの立場で考えてみます。

(1) 囚人Bが黙秘する場合
①自分が黙秘すると、自分は懲役1年
②自分が自白すると、自分は懲役0年

①自分が黙秘 ⇨ -1, -1 懲役1年
②自分が自白 ⇨ 0, -8 懲役0年　トク→自白

⇨ Aにとって、一番いいのは、「自白」

(2) 囚人Bが自白する場合

①自分が黙秘すると、自分は懲役8年
②自分が自白すると、自分は懲役3年

  ①自分が黙秘 ⇨ $\boxed{-8},\ \ 0$ 懲役8年
  ②自分が自白 ⇨ $\boxed{-3},\ -3$ 懲役3年 トク→自白

   ⇨ Aにとって、一番いいのは、「自白」

　囚人Aは、囚人Bの行動を予想します。まず囚人Bが黙秘した場合（表の左半分）を考えます。その場合、囚人Aも黙秘すれば懲役1年の刑（－1）ですが、自白すれば無罪放免（0）なのですから、自白する方が得です。

　次に、囚人Bが自白した場合を考えます（表の右半分）。この場合も、囚人Aが黙秘なら懲役8年（－8）、自白すれば懲役3年（－3）ですみますから、Aにとって得なのは自白です。

　つまり、相手の行動を予想すると、囚人Bの行動がどうであれ、囚人Aにとって得なのは自白なのです。自己利益を最大化するなら、最適な選択は「自白」以外にありません。

　これは、囚人Bにとっても、同じです。囚人Aが黙秘しようと自白しようと、囚人Bにとって得なのは自白です。

囚人Bから考えた場合

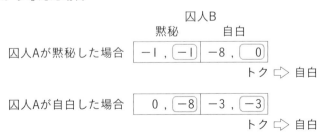

こうして囚人Aも囚人Bもともに、自白を選択します。

両者が黙秘をすれば、一番望ましい結果になるにもかかわらず、互いに「合理的・利己的」に行動して最悪の結果になるという、この状態を**囚人のジレンマ**といいます。そして、ともに懲役1年となる望ましい均衡（折り合い）の方ではなく、ともに懲役3年となってしまう方の均衡を、提唱者のジョン・ナッシュにちなみ、**ナッシュ均衡**といいます。

実現する均衡

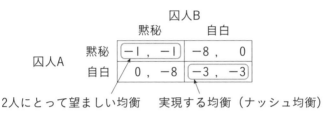

ナッシュ均衡は、合理的に相手の出方を正しく予想した結果として実現してしまう均衡です。相手の戦略に対して、お互いに最良の行動をしている状態ですから、ナッシュ均衡にはまると、抜け出すことができません。

では、現実の社会で、囚人のジレンマのような状況になっている例を見ていきましょう。自己利益の合理的な追求が、全体の利益を損ねる事例です。

①「共有地の悲劇」問題

数研出版『高等学校 現代社会』p208
…経済活動において、個人や企業が自分たちだけの利益のために行動したらどうなるだろうか。アメリカの生態学者ハーディンは、多数の者が利用できる共有地では、それぞれが自由に利用・消費す

ると、その資源自体が荒廃し、結果的に人々が共倒れになるという
ことを示し、それを「共有地（コモンズ）の悲劇」と表現した。

　中世のイギリスには、村ごとに、囲いのない共有放牧地がありました。
誰もが羊を放牧できたので、みな自己利益の最大化を求めて、放牧頭数
を増やします。みんなで放牧頭数を増やした結果、放牧地は枯渇してし
まいました。食べる草がなくなってしまったのです。「共有地（コモン
ズ）の悲劇」といわれます。誰もが使える資源は、誰もが、われさきに
取りに行くのです。その結果、資源が枯渇し、誰もが損をする状態にな
るのです。

帝国書院『アクセス現代社会2015』p30
なぜ、「共有地の悲劇」は起こるのか？
解説　村内で使っている共同の牧草地は、村人であればみな無料で
制限なく自由に利用できる。そのため、村人には「使わないと損だ」
という考えが生じ、ほかの村人に先を越される前にたくさんの牛を
放牧して多くの利益を得ようという動機が生じる。村人みんなが同
様に自らの利益だけを追求して、たくさんの牛を放牧し始めると、
草はなくなり、牧草地は再生不能、結果的に誰も放牧ができなくな
り、村人全員が生活の基盤を失う。みなが個人の利益を追求すると、
全体の利益は損なわれる。これが牧草地という共有地がたどる悲劇
的結末（「共有地の悲劇」）である。

　北朝鮮では、毎年のように「洪水」の報道があります。山の木を、暖
房・調理用燃料、商品用として、住民が伐採してしまったからです。自
分たちの生活のためには合理的な行動です。しかし、結果として、はげ
山ばかりになり、雨が降るたびに洪水に見舞われ、大切な穀物をそのた
びに失う結果になっています。普段から穀物不足なのに、個人個人の利

己的な行動が、さらに最悪な結果を招いています。

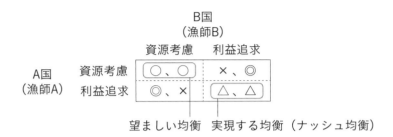

　太平洋のクロマグロも同じです。世界中に寿司や刺身などの日本食が広まったという背景もあるようですが、日本は依然として、世界のクロマグロの約8割を消費している最大消費国です。

　利益をあげるには、少しでも多くのマグロを獲ることです。それが乱獲を招き、資源量が激減しています。

　これを受けて、2014年11月には、国際保護連合（IUCN）が、クロマグロを絶滅のおそれのある野生動物リストである「レッドリスト」に加えました。今後、「ワシントン条約」でも、規制対象に指定されるかもしれないほどになっています。

　資源量を制限しないと長期的には利益を失うのですが、他のプレイヤーが取りに行くのなら、自分も取りに行かないと損です。どこかの国が漁業規制を設けても、他の国で制限がかからなければ、規制をしている国の漁師だけが損をします。

　この問題については、中西部太平洋まぐろ類委員会（WCPFC）2015年12月年次会合で、話し合われましたが、マグロ資源全体の保全に関しては、目立った進展がありませんでした。会合では、太平洋の至る所で、漁業の不正を監視する監視員たちが行方不明になっているという事例さえ報告されました。まさに自己利益を追求した、最悪の状態になっています。

「マグロ漁、漁獲規制すり抜け相次ぐ　水産庁が実態調査」
朝日新聞デジタル　2017年1月14日

　絶滅の恐れのある太平洋クロマグロを保護するための漁獲規制を
すり抜けてマグロを水揚げする例が相次いで発覚している。

　…クロマグロの好漁場に近い長崎県対馬市の漁船16隻が、マグロ
漁に必要な承認を受けずに3カ月にわたって計約12トンを水揚げし
ていた…。…上対馬町漁業協同組合（対馬市）のマグロ水揚げ量は
近年、年間1～4トン程度が続いていたが、昨年は100トンに急増。
「承認を受けていない船が我も我もと漁に出てしまった。漁協とし
ての管理が甘かった」と同漁協幹部は話す。

　他にも、熱帯雨林の伐採など「共有地の悲劇」は、さまざまな環境問
題に適用できます。

②中国の PM2.5問題

とうほう『テーマ別資料　政治・経済2015』p186

　…日本へ風に乗ってやってくる黄砂も年々増加している。…過伐
採、…草原地帯での過放牧が原因。北京近郊の砂漠化の原因となっ
ている。

　2008年の中国における石炭の消費量は全世界の52％を占めた。こ
の石炭燃焼の副産物「二酸化硫黄」は大気汚染と酸性雨の原因とな
っている。

　中国の北京を中心とする PM2.5の被害は、年々拡大しています（以下、
環境省『中国 PM2.5の現状と対応』を参考にしました）。

　PM2.5とは、粒径2.5μm 以下の小さな粒子で、肺の奥深くに入りや

すいため、呼吸器系をはじめ、循環器系への影響、肺がんリスクの上昇が懸念されています。2015年冬には、日本の、それも北海道にまで拡散し、注意が喚起されました。

原因は、①自動車の排気ガス、②集中暖房のための石炭使用、③工場の排煙等による大量の微粒子状物資です。この汚染の結果、北京市では工場の生産停止、建設工事の中止、交通事故多発、高速道路・空港の閉鎖などさまざまな影響が出ています。

自動車で通勤する人たちも、各工場経営者も、各家庭の集中暖房も、みな、自己の利益を優先して行動しています。その結果、自らの経済活動のみならず、全体の経済活動が損なわれる結果となっています。影響は、中国国内だけにとどまりません。

もちろん、中国や北京市は、規制を進めてはいます。濃度を、2017年までに2012年比10％以上低下させる予定です。しかし、今のところ、効果は出ていないようです。

「北京　かすむ故宮　大気汚染『赤色警報』」読売新聞　2016年12月19日

　北京市で大気汚染に関する今年初の「赤色警報」が発令…通行規制などの緊急措置…。…発がん性が指摘される微小粒子状物質（PM2.5）の濃度は… １立方メートル当たり、300マイクロ・グラム（日本の環境基準は35マイクロ・グラム）を超えた。

---

③地球温暖化

COP21（国連気候変動枠組条約第21回締約国会議）が、2015年12月にパリで開かれ、2020年以降の温暖化対策の国際枠組み『パリ協定』が正式に採択されました。このパリ協定は、法的拘束力を持つ強い協定として次のように合意されました。

・世界の平均気温上昇を産業革命前と比較して２度未満に抑えること

・各国は、排出量削減目標を含め、2020年以降、５年ごとに目標を見

直し・提出していくこと。その際には、原則として、各国は、それまでの目標よりも高い目標を掲げること。

地球温暖化への対策としては、これに先立つ1997年、京都会議で採択された京都議定書がありました。

浜島書店『新しい公民』p156

地球温暖化防止京都会議

…温室効果ガスの排出削減に法的拘束力をもつ「京都議定書」…削減目標を国別に定め、2008年から2012年までに、先進国全体で、1990年に比べて5.2%削減しようというものです。…しかし、中国やインドなどの発展途上国に削減義務がないこと、アメリカがこの取り決めに参加していないことなどの課題を残したまま発効されました。

実教出版『最新政治・経済』p151

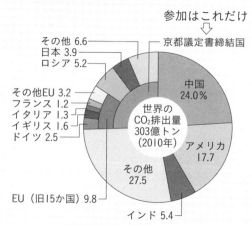

世界のCO₂排出量『世界国勢図会』2013/14年版による

離脱する国（不参加）があると、地球環境はますます悪化

合意内容に不満があっても、少しでも合意できればプラス

　最も排出量の多い国が参加せず、途上国は除外され「京都議定書」は、まさに「絵に描いた餅」になってしまいました。ゲームはプレイヤーが参加しないと成り立ちません。それに比べると、パリ議定書は歴史的・画期的な合意内容になります。参加国が京都議定書の37か国から、196か国・地域に拡大したからです。「ゲームのルールをがらりと変えた[13]」のです。

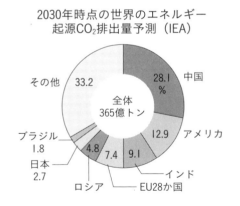

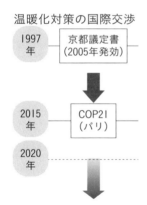

④軍拡競争

　軍事市場も、囚人のジレンマの起きやすい、典型的な市場です。一番

13　名古屋大学教授・高村ゆかり「論点スペシャル」読売新聞2016年9月8日

望ましいのは、「協調・協調」ですが、相手国が「協調・非協調」どちらを選択しても、自国にとって最善の手は「非協調」になります。軍拡競争はとどまるところを知りません。この競争が重荷になり、旧ソ連の崩壊が早まったほどでした。

実教出版『2015　ズームアップ現代社会資料』p263

恐怖の均衡

		アメリカ	
		軍　縮	軍　拡
ソ連	軍　縮	協調による平和	裏切りによる優位
	軍　拡	裏切りによる優位	恐怖の均衡

解説　アメリカと旧ソ連は、「先制攻撃を受けても相手が致命的な報復を与えられる状態を維持すれば、互いに核攻撃はできない」という核抑止力の考え方にもとづいて核開発をすすめた。軍備を縮小しても相手がそうしないのではないかという不信・不安により、際限のない軍拡競争となった（恐怖の均衡）。

この「恐怖の均衡」を利得表にしてみましょう。

実教出版『高校 政治・経済』p98

　各国家は、相手を信用して裏切られるという最悪の結果をさけるために、軍拡を選ぶ。たがいの信頼がない状況のもとでは、各国家は自国の安全の確保のために軍拡を選択しがちである。しかし軍拡は軍事的緊張を高め、安全のための行動がかえって安全をそこねてしまう。安全を高めるには軍縮が大事だということはわかっていても、どの国家もなかなか軍縮にはふみ切れない。こうした状況は安全保障のジレンマと呼ばれている。

軍縮政策		B国	
		協調的	非協調的
A国	協調的	A国に4点	A国に1点
		B国に4点	B国に5点
	非協調的	A国に5点	A国に2点
		B国に1点	B国に2点

二国が協調して軍備を削減した場合の安全度を4点とする。しかし、自国が削減したのに相手が協調しないと、削減した側は安全度が低下し（1点）、削減しない側は削減しない側の安全度が高くなる（5点）と考えてしまう。結局、協調しないという選択肢をとるほうが、自国だけ協調する選択肢をとるよりも安全度は高くなる（相互に2点）と考え、結局軍縮はすすまない、というジレンマに直面する。

　軍拡競争の場合、ナッシュ均衡は両国の負担を最大限に高めるのみならず、世界を危機に晒してしまいます。状況を打開するには少しずつでも協調が不可欠です。

東京書籍『政治・経済』p88
　このジレンマに陥らないためには、コミュニケーションを取り合い、互いの意図を確認し合うことが重要である。例として、冷戦期の米ソ関係がある。両国は当初このジレンマに入り込んだが、ホットライン協定を結ぶなど、コミュニケーションを取り合い、核戦争を回避したのである。

　冷戦終結後は、米ロ間でSTART I（1991）、START II（1993）、新START（2010）の核軍縮条約が締結され、実際に米ロ間で配備される核兵器の量は減少しました。話し合いによる成功例です。

東京書籍『現代社会』p162

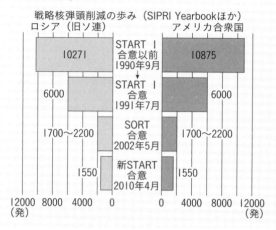

その一方、包括的核実験禁止条約CTBTは、核保有国、非核保有国、保有を目指すパキスタン・インド・北朝鮮が対立し、発効の見通しは立っていません。その北朝鮮は、2016年1月、再び核実験を行いました。北朝鮮の目指す戦略は、アメリカに対して自国も核を保有する「恐怖の均衡」状態です。両国は、話し合いのテーブルにつくことさえできていません。

⑤寡占市場をゲーム理論で読み解く

では、ゲーム理論を使って、寡占市場を見てみます。まず、寡占のもっとも単純な形態である複占（2社による市場の占有）状態についてです（3社、4社と増えても、結局は、同じ状況になります）。

小さな町に2つのガソリンスタンドがあるとします。これらは、特定地域における寡占状態と見なせます。

今、両社ともに、ガソリン1リットルあたり120円の価格で販売しているとします。同じ価格なので、利潤もきっちり同じとします。ここでA社が、価格競争を仕掛け、118円の安値をつけたとします。そうする

と、A社は、B社の客を奪うことができます。ほんのわずかな値下げで、大きく利潤を伸ばすことができるのです。

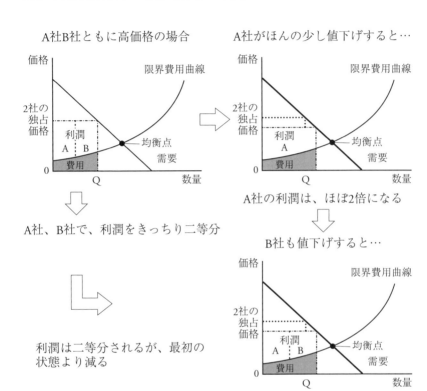

そこで、B社も118円の価格をつけることを選択します。まずA社が値下げを選択し、続いてB社も値下げを選択すると、シェアはそのままに利益だけが減るナッシュ均衡になります。

ともに高価格を保てるときの両者の利得を5点、値下げによりシェアが獲得できている状態なら8点、逆に他社の値下げでシェアを失っている状態を2点、また、互いに値下げした状態を4点とするとA社は以下のようにB社の動きを推測し、いずれにしても値下げが賢明である

と判断します。

価格競争

		B社	
		高価格	低価格
A社	高価格	5 , 5	2 , 8
	低価格	8 , 2	4 , 4

（1）B社が高価格を維持する場合

①A社が高価格維持　→　⑤, 5

②A社が値下げ　　　→　⑧, 2　　トク ⇨ 値下げ

（2）B社が値下げをする場合

①A社が高価格維持　→　②, 8

②A社が値下げ　　　→　④, 4　　トク ⇨ 値下げ

　B社から考えた場合も同じです。A社が高価格維持を採用しても、低価格戦略を採用しても、B社にとっての最善の策は値下げと判断されます。

　もしも両社が、118円から117円、116円……と、値下げ競争を続けていくと、安値が常にナッシュ均衡となり、両社の利潤は減り続けます。これに考えの及ぶ賢明な企業は、競争しようとは思いません。値下げを選択しても、短期的、たとえば、1日や半日しか、値下げによる利潤を確保することができません。ガソリンのような場合、ライバル社がすぐに追随してくるからです。この場合、短期的な利益よりも、長期的な利益を考える方が得です。

　囚人のジレンマで、ジレンマ状態（ナッシュ均衡）になってしまうのは「相手が裏切ったら」と考えて、「黙秘と黙秘」という選択肢が取れないことが原因です。1回限りの短期ゲームだからです。

しかし、寡占市場の場合、相手は同じ業界仲間（ライバル）です。これからも、ずっとその仲間（ライバル）とゲームが続くことが予想されます。裏切って価格競争を仕掛けると、今度は、相手から強烈なしっぺ返しが来ます。「協調するなら、協調しよう。しかし、裏切ったら……その時は覚悟しろよ」というものです。ピストルのトリガー（引き金）を引いておき、いざとなったらすぐにやり返せる状態にしておきます。「トリガー戦略」、「しっぺ返しゲーム」ともいいます。

こう考えると、価格競争を避けた方が賢明です。これが、寡占企業が「価格競争」をしない理由です。お互いに「持ちつ持たれつ、うまくやろう」となるのです。

伝統的経済学	ゲーム理論
均衡は1つ	均衡は複数
相手や、未来のことは考えなくともよい	相手や、未来のことを予想（期待）しなければならない

話し合いで価格を決めると、カルテル（価格・生産・販売量などを制限する合意・協定）で独占禁止法違反ですが「暗黙の了解」という形で、価格が決まります。その結果、価格競争をせず、デザインやパッケージの違い、モデルチェンジや広告という「非価格競争」をすることになります。価格ではない分野で、他との「差別化」を競うのです。

浜島書店『新しい公民』p107
市場の寡占化が進むと、価格の安さ以外の、広告、デザイン、品質などで他の商品との差を出し、競争力をつけようとする非価格競争に重点が置かれるようになります。

「ビール復権へ攻勢＝商品多様化、味わい追求─大手4社」時事通信
2016年1月17日
　…キリンビールは5月から10月にかけ、都道府県別に味を変えた

「47都道府県の一番搾り」を順次発売していく。高価格ながら若年層にも人気があり、コンビニエンスストアなどで限定販売されているクラフトビール「グランドキリン」も刷新。

　…サントリービールは「ザ・プレミアム・モルツ」を軸に、定番の「ザ・モルツ」、高価格帯の「マスターズドリーム」の3ブランドで攻勢をかける。

　…サッポロビールは昨年、主力の「黒ラベル」の味を変えるリニューアルを実施。…今年は初の派生商品も投入する予定…。

　…「スーパードライ」の15年販売が前年を割り込んだアサヒビールは、3月に糖質50％オフの「アサヒ　ザ・ドリーム」を投入し、挽回を目指す。

値下げを競うのではなく、高級路線、ご当地もの、健康路線など商品の差別化で競い合う、それが寡占企業の「非価格競争」です。

2　コーディネーション・ゲーム

コーディネーションとは、同調とか、調整という意味です。お互いに同調することで、最大の利得を得るというゲームになります。

ナッシュ均衡は「相手の戦略に対して、お互いに最良の行動」をしている状態ですから、ナッシュ均衡にはまると、抜け出すことができません。社会には、いたるところにナッシュ均衡があります。私たちが実際に直面する市場は、「一期一会の匿名市場」ではなく、「相手がある市場、相手の出方（未来）を予測しなければならない市場」がほとんどです。

①カップルのデート

休日に、カップルのAさんとBさんがデートに行くとします。Aさんは、新作映画を見たいと思っています。一方Bさんは、好きなプロ

サッカーチームの試合観戦に行きたいと考えています。均衡は複数になります。

カップルのデート

最悪なのは、2人がバラバラに行動することです。デートにならないので、利得は0です。どちらかが譲ることによって、最善ではないものの、お互いに得することができます。

カップルのような少人数の場合、じゃんけんで決めたり、次回は、別なデートコースを選択したりすることで、合意が可能です。2つの均衡を行き来することができます。ところが、参加人数が増えれば増えるほど、一度はまった均衡から抜け出すことが、困難になります。

②エスカレーターの立ち位置

関東ではエスカレーターの左側に立ち、関西では右側に立つという習慣が定着してきました。急ぐ人のために片側を開けるというスタイルです。

イギリスロンドンの地下鉄には、「Stand on the right（右側にお立ちください）」という表示があります。ニューヨークやパリでは右側に、オーストラリアではおおむね左側に立つという習慣です（日本エレベーター協会では、安全のため、エスカレーターでの歩行禁止を訴えています）。

この際、自分にとって得なのは、「周りに合わせる」という行動です。東京人がみな左側に立つ場合、大阪人が1人だけ右側に立つと、ぶつかったり、怒られたりします。

この場合、均衡は複数になります。右に立つか左に立つかに、合理的な理由はありません。理由は「みんながそうするから」です。スムーズにいくのは、いつも使っている駅や、住んでいる地域が同じだからです。だから「他の人はこう動くだろう、そうすると、自分もこう動いた方がいいだろう（得だろう）」と予想がたちます。

このように、社会に定着した、安定した行動は、ナッシュ均衡になっている可能性が高いのです。そうすると、1人だけ違った行動をとるのは難しくなるのです。まして、その均衡自体が動くのは、もっと難しくなります。

東京人

東京人が左側に立つ場合 ⇨

		左側	右側
大阪人	左側	2 , 2	0 , 0
	右側	0 , 0	2 , 2

⇧

○ 大阪人も左側に立つのが最適
× 右に立つと、最悪（ぶつかる、怒られる）

③行列を作る

日本の場合、災害時に、支援物資の受け取りや、食事の配給の際に、整然と並ぶという行動が見られます。交通機関に被害が及んだときも、整然と並びます。世界はこれを、驚きをもって見つめます。

> **「【世界を驚かせた日本人】東日本大震災の被災者たち　暴動・略奪なく『助け合いの精神』発揮」ZAKZAK by 夕刊フジ　2014年6月22日**
> 　…「日本人の冷静な対応は世界を驚かせた。…東京では数百人が広場に避難していたが、男性は女性を助け、広場にはゴミひとつ落ちていなかった」(環球時報) 阪神淡路大震災の後でも、関東大震災の後でも、日本人の整然たる行動は外国人を感動させている。

　外国では、被災時にわれ先にと支援物資に殺到する様子が報道されます(中国やハイチなどの例)。一方、トルコやインドネシアでは、整然とした行動がとられ、かと思えば、アメリカ(2005年ルイジアナ州ハリケーン)では、略奪や暴行も見られたことから、これは先進国か途上国という問題ではないことがわかります。これも、ナッシュ均衡です。

被災時の支援物資に対する対応

　日本で整然と並ぶのは、過去の被災時の経験が積み重なり、「みんな、このように動くだろうなあ」と、互いの行動を予測できるので、「自分はこう動いた方がいいだろう」となるからです。大正時代の「関東大震災」のときにも、整然と並んでいた様子が、映像として残されています。
　日本に住んでいる外国人でも、日本で被災した場合、周りの行動を見ながら、自分の行動を決めようとします。ここで、「自分の母国では、過去に殺到したから」と、「我先に」という行動をとると、トラブルを

招くことは明白です。

　逆に、日本人がある外国で旅行中に被災したとします。その場合、支援物資が来た場合、整然と並ぶことができるでしょうか。このとき、過去の経験という、未来を予測するための知識や判断基準がありません。そうすると、周りが殺到している場合は、やはり、自分もそこに加わることが、最善の利得になります。周りが殺到している中で、1人整然とならぶということは、できないのです。

被災地が日本の場合には…

被災地が未知の外国で殺到…の場合には…

　つまりこれは、倫理観や道徳心の問題ではないのです。その場で、「相手の手を予測し、自分の行動を決める」ことによってつくられるのです。

　このように「未来を予測する」「相手の手を予測する」市場では、過去の経験や、同じ文化の共有という、誰もが知っている（当然相手も知っている）ルールや、共通知識が不可欠だということが、ゲーム理論を通じて明らかになりました。互いに文化を共有していれば、「日本人ならこう動くだろう」「うちの社員ならこうするだろう」「この辺の地域の人ならこう動くだろう」と相手の行動を予測することが比較的簡単にで

第4章 ゲーム理論 **245**

きます。これが「文化」といわれる体系になります。互いに文化を共有しているから、出方の読み合いが円滑になり、組織が安定するのです。言語や政治文化が違う場合は、この予測が難しくなります。

④デファクト・スタンダード

　デファクト・スタンダードとは、コーディネーション・ゲームの一形態です。均衡のうちどれが選ばれるかわからないので、熾烈な競争が生じます。

> **東京書籍『政治・経済』p125**
> 　…情報通信産業では通信網が広ければ広いほど利用者の利便性も増し、特定の通信網が他を駆逐する傾向がある。そして、その企業がデファクト・スタンダードを独占的に構築することになる。
> 　デファクト・スタンダード
> 　…既成事実的に市場を支配するようになった規格のこと。パソコンの基本ソフト（OS）のウインドウズや次世代 DVD 規格のブルーレイなどがその例とされている。

> **東京書籍『現代社会』p119**
> 　…同じ財やサービスを消費する人が多ければ多いほど、利用者がその財やサービスから得る利便性が高まる効果は、ネットワーク外部性とよばれる。このネットワーク外部性は、パソコンソフトにとどまらず、DVD の規格などにもみられる。…一定のネットワークが市場のほとんどを占めてしまうと、そのネットワークを支える財やサービスは事実上、標準化（デファクト・スタンダード）されたことになる。情報通信において、特定の企業が「一人勝ち」する傾向がみられる…。

みなさんが使う、パソコンの OS は、マイクロソフト社の Windows（ウインドウズ）の、いずれかのバージョンだと思います。それほど、Windows は一般的になっています。

　文書も、マイクロソフト社のソフト Word（ワード）で作成されるのが一般的です。高校の必修教科「情報」という授業では、同じく同社の表計算ソフト Excel（エクセル）が使用され、教科書さえ Excel の使い方を勉強する内容になっています。もっとも一般的なソフトだからです。今や日本中の学校で、Excel と Word が使用されています。一般的だから授業で使われ、授業で使われるからますます一般化します。彼らは進学や、就職する際も、おそらく同社のソフトを使うことになるでしょう。一度覚えたものは使い勝手がよく、周りも使っているので、利便性が高いからです。

　LINE というアプリケーションソフトもそうです。普及すればするほど、「みんなが使えば使うほど」、利便性が高くなります。そうするとますます LINE の利用者が増えます。

　私たちが、どのソフトを使うかを選択する場合、ソフト自体の性能も判断材料になりますが、広く普及しているというのが大きな理由になります。普及していればいるほど、便利だからです。仕事をする場合も、使い方を教えてもらったりする場合も、スムーズにいきます。そうすると、そのソフトは、さらに普及し、そのソフトを使うハードウェアもますます普及し……普及するからますます利便性が高くなる、という相乗効果が生まれます。この相乗効果のことを**ネットワーク外部性**といいます。

　このような市場では、ある製品が市場を独占する、デファクト・スタンダード（事実上の標準）になります。企業にとっては、デファクト・スタンダードの地位を手にするのは最高です。一度その地位を確立すれば、あとはその市場が、勝手に利益を増やしてくれるからです。

　この市場では、「全員が A 規格を使用」「全員が B 規格を使用」とい

う複数均衡になり、どちらが選ばれるかは予測がつきません。技術の優位性は関係ありません。基準は、「みんなが使う」にすぎないからです。ですから、企業は、自社規格がデファクト・スタンダードになれるように、猛烈に競争します。PRし、参加する企業を増やし、無料で使用するキャンペーンを行い……。デファクト・スタンダードになれるかなれないかは、企業にとって死活問題となります。

デファクト・スタンダードをめぐる戦い

		ユーザー・企業	
		A規格	B規格
ユーザー・企業	A規格	2 , 2	0 , 0
	B規格	0 , 0	2 , 2

ナッシュ均衡

投資回収・今後の利益……自社規格が採用されるかどうかは、企業にとって大問題

現在はデファクト・スタンダードとなったDVDの次世代規格について見てみましょう。

東京書籍『現代社会』p119

次世代DVDの規格をめぐって、大手電機メーカー3社はブルーレイディスクを、2社はHD DVDの普及を進めていたが、2008年にHD DVDの普及をめざしていた1社が全面的な撤退を発表したため、規格争いは終結することとなった。

この競争は、6年間も続きました。大手映画会社や、家庭用ゲーム機市場をどちらに取り込むか……結局、大手映画会社が1社以外、すべてブルーレイを採用したことが決め手となり、規格争いは終結しました。このような規格争いの例では、過去には次のようなものがありました。

	A 規格	B 規格
家庭用 VTR	VHS	ベータ
ハンディビデオカメラ	8 mm	VHS-C
パソコン	PC98	DOS/V
自動車携帯電話	NTT 方式	モトローラ方式
家庭用ゲーム機	ファミコン	MSX

　現在は、IoT（Internet of Things）関連の標準化団体が、多数乱立しています。産業分野では GE を中心とした IIC には150社、oneM 2 M には200以上の企業が参加して、標準化を進めています。IoT とは、部品やモノがインターネットにつながり、情報を発信する技術です。航空機や鉄道の交通網、発電所や工場のラインの無数の部品がネットでつながると、部品をリアルタイムで制御でき、故障を未然に防ぎ、無駄な動きを止めることができるようになるそうです。市場規模は2014年で0.65兆ドル、2020年には1.70兆ドルになるとされています（米 IDC 予測）。

「『止まらない工場』実用化」日本経済新聞　2016年1月22日
　ファナックは、米シスコシステムズと組み、工場の故障を未然に防ぐ新しい仕組みを今夏、実用化する。IoT の技術を活用…。…ファナックは産業用ロボットで世界の約2割のシェアを握る。…一般的な自動車工場では操業が止まると1分当たり200万円程度の損失が発生…歯車が破損すると交換・復旧に約1時間かかり、損失は1億2000万円。…ロボット一台一台にセンサーを取り付け…データをネット経由でコンピューターへ送る。これを解析し、修理が必要になりそうな部品や、その時期を割り出す。…配送手続きまで自動でできる。…「ダウンタイム（生産停止時間）をゼロに減らしたい」…。

　各国は、IoT に積極的に取り組み、国全体の産業生産性の底上げを狙っています。

⑤日本型雇用システム

育鵬社『新しいみんなの公民』p134

日本ではしばらくのあいだ、定年退職まで一つの企業で働く終身雇用制が大企業を中心にみられ、勤務年数に応じて賃金や役職が上がる年功序列制がとられてきました。これらにより、労働者の共同体意識をつくり出し、企業への帰属感を強め、労働意欲を高め、そして生活の安定をもたらしてきました。

実教出版『最新現代社会』p154

日本的雇用形態の動揺

欧米では基本的に、労働者は専門の職種単位で雇用される。そのため、ある部門の人員を減らすときは、労働者を配置転換せずに、解雇することが多い。これに対して日本の企業は、職種を限定せずに雇用し、多くの部署を経験させながら、企業内教育によって技能を習得させることが多い。これは長期雇用に有利なしくみであり、ここから、原則的に定年まで同じ会社につとめる終身雇用制がうまれた。また賃金も勤続年数に応じて決める年功序列型賃金が一般化した。そして、労働組合も、企業ごとに組織される企業別労働組合が一般化した。

ゲーム理論による、経済学分野の最大の功績の１つが「比較制度分析」です。資本主義下の企業にもアメリカ型（経営者は経営者階級、労働者は労働者階級とはっきり分離）、ドイツ型（就業員代表も会社の経営会議に参加）、日本型（労働者の中から出世して経営者になる）など、いろいろな形があります。

従来、日本の「終身雇用制度・年功序列型賃金制度・企業別労働組合制度」は、古くから続く「長幼の序」、「家制度」、武士社会の「封建制

度」などの文化からでき上がったものだと説明されてきました。しかし、比較制度分析というゲーム理論を取り入れた説明により、これらは、昭和の戦時体制をもとに作られた制度であり、合理的な選択行動であることが、明快に説明されるようになりました。日本にいれば、欧米人でも日本型雇用を選んだ方が得というナッシュ均衡にすぎず、日本人の伝統や文化とは何の関係もなかったのです。

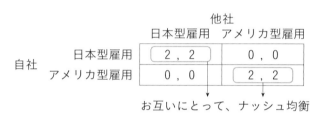

アメリカ型の場合、従業員は従業員（ブルーカラー）、経営者は経営者（ホワイトカラー）とはっきり分かれ、経営者は会社を渡り歩きます。従業員から昇進して経営者になることはほとんどありません。職種によって給与は違い、その給与が年功序列で上がることはありません。雇用も流動的で、転職は当然のように行われます。終身雇用ではないので、不況の際にはレイオフ（一時解雇）も当たり前です。資本は株式調達が中心で、日本のように銀行（メインバンク）が支えるというシステムでもありません。

雇用には、MBA（経営学修士号）や、医師や看護師、会計士やシステムエンジニアなどの資格や、キャリアが重視されます。これらは教育

によって身に付き、どこの職場でも使え、即戦力となる「一般的汎用技能」です。

一方、従来の日本型雇用の場合は、学校を卒業して以降、会社に入ってから覚えるOJT（オン・ザ・ジョブ・トレーニング）が一般的です。新卒を一括採用し、その会社独自の仕事を覚えさせます。「学生は勉強しなくてもいい、あとは企業で育てるから」というものです。

日本文教出版『中学社会　公民的分野』p135

　言葉や文章で表現しにくい知識を総称して「ノウハウ」といいます。一般的には、製品開発や製造・販売などの生産活動を有利に行うために必要な知識・技術・経験などで、各企業が独自に蓄積したものをいいます。

ここで覚えるのは、その企業独自で使えるシステムです。根回しとか、仕事のしかたとか、その企業独特の管理システムです。これは、その企業だけで使える「企業特有の特殊技能」ですから、転職したら使い物になりません。

実は戦前は、日本の雇用形態は、アメリカ型でした（以下、岡崎哲二他編『現代日本経済システムの源流』日本経済出版社刊を参考にしています）。

従業員は、職を移るのが当たり前、経営者は経営者、従業員は従業員と分かれています。企業の資金は、株式によって集められ、国が銀行を守ることはありません。銀行も普通の企業と同様に、倒産しています。

それが、「徴兵制」「国家総動員体制」のもと、徐々に戦時下の「統制経済」になり、戦後もそのスタイルが残ったのです。それが、終身雇用・年功序列・企業別労働組合を特徴とする、日本型雇用システムになりました。

ここで鍵になるのが、上の引用にある「企業特有の特殊技能」です。

終身雇用・年功序列・内部昇進は、まさにその企業特有の特殊技能を高めるために合理的なシステムでした。これを基礎に置くと、日本型雇用は何もかもがつじつまの合う合理的選択＝ナッシュ均衡だとわかるのです。

全部、つじつまの合う、日本型雇用制度

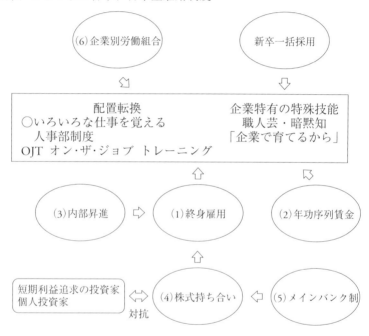

■終身雇用

　終身雇用を保障することによって、「企業特有の特殊技能」を身に着けるインセンティブが働きます。将来を保証されれば、安心してOJTに励むことができます。いろいろな部署を経験しても「将来に役立つ」と思えます。転勤や単身赴任も当たり前です。

　一方、いつクビになるかわからない流動的なシステムでは、一般的汎

用技能を身に着けた方が得です。

■年功序列賃金

年功序列賃金は、若手の給料は安く、中堅、ベテランになるにしたがって給料が上がるシステムです。長く勤めれば勤めるほど得なシステムで、最後には退職金さえ用意してくれます。若い頃は、その人の直接的な生産性に照らすとかなり低い給料に甘んじなければなりませんが、年をとると（言い方は悪いですが）その働き以上に高い給料がもらえます。なので、若いうちにやめると、従業員は損をします。

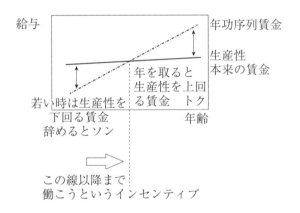

■内部昇進

将来は経営者になれるかもしれないということが労働のインセンティブとなります。そこにいたるまでにも、主任→係長→課長……といった職制が用意され、小さなインセンティブとなっています。

アメリカのように、経営者は経営者、労働者はいつまでも労働者、という環境では、出世のために長く会社に勤めようというインセンティブは働きません。

■株式持ち合い

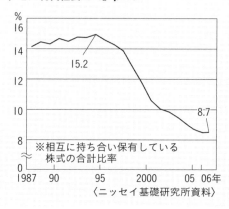

帝国書院『アクセス現代社会2015』p179

　系列会社どうしで、お互いに株式を持ち合います。金融機関にも株を持ってもらいます。これはバブル時代まで広く行われていました。

　外部に大株主をつくらないことによって、経営悪化時の配当減や、株価下落の責任を、株主に厳しく追及されずに済みます。不況時に、リストラすることなく終身雇用を維持しても、外部の個人投資家にうるさくいわれません。それによって長期的視点にたって経営ができると同時に、経営者にとっては自分の地位を守ることができました。

　しかし、不況が続くと、株を保持すること自体が、会社にとって重荷になります。株式の時価会計が導入され、持っている企業の株価が下がると、なぜその会社の株を持ち続けるのかについて、株主に対する説明責任が求められるようになりました。

■メインバンク制
　株式の持ち合いは、株式市場からの自由な資金調達を妨げますが、そのかわり、メインバンクが融資してくれます。

教育出版『中学社会　公民　ともに生きる』p139

　家計はお金を…企業に…銀行を間にはさんで、間接的に貸すことになりますので、こうした金融を間接金融といいます。…企業が証券市場を通じて…直接、資金を調達する方式を、直接金融といいます。

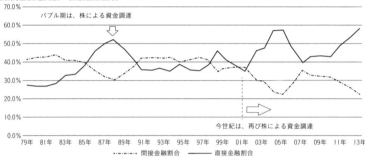

企業資金調達間接・直接金融割合 （日銀）

　企業は、株式市場からの自由な資金調達ができないので、銀行からの融資に頼ることになります。メインバンクは、株主に代わって、企業をモニタリング（監視）します。いざとなれば、企業の経営陣を刷新し、自ら役員を派遣します。経営者は株式持ち合いに守られているとはいえ、一定の緊張関係を強いられます。

■企業別労働組合

山川出版社『詳説　政治・経済』p157

　欧米では、企業の枠を超えて組織された職種別労働組合や、産業別労働組合が一般的である。

日本の従業員は、その「企業特有の特殊技能」を持っていますから、企業内労働組合を組織するだけで、十分に会社との交渉力を持ちます。取り換えができない労働者だからです。

アメリカの場合は、従業員に求められるのは「一般的・汎用技能」なので、自動車製造労働者なら自動車労組、金属労働者なら金属労組のように、職種別・産業別労働組合が労働者を代表します。なぜかというと、一般的・汎用技能を持った労働者はたくさんいるので、いまの従業員と労働条件が折り合わなければ、企業は外から労働者を雇ってくればいいからです。ですから、アメリカの場合は、会社の枠を超え、横に連携して労働組合を組織します。

⑥グローバル化による日本型雇用の変化

日本型の「終身雇用・年功序列・内部昇進」は、「企業特有の特殊技能」を高めるために合理的なシステムでした。これは文化でも伝統でも国民性でも何でもなく、たまたま戦時体制下の非常時システムがそのまま残ったことで、ナッシュ均衡になったのです。周りがみな日本型システムなら、個々の労働者も個々の企業も、日本型システムを採るのが最適になります。

ところがグローバル化によって、日本企業が海外に進出し、あるいは多くの外資系企業が日本に進出してきたことは、日本型雇用が崩れはじめる要因となりました。自分が関係する相手のうち、多数者が選択する行動に合わせた方が得なのです。ナッシュ均衡は、外の要因が変化すると、消えてしまいます。

育鵬社『新しいみんなの公民』p134
…景気の停滞が長びいたり、経済のグローバル化で経営の効率化が大きな問題となる中で、企業では終身雇用制や年功序列制を維持することがむずかしくなっています。その結果、年数を限って雇用

する任期制や、年俸制の導入が増えています。即戦力になる経験者や技術者への期待が高いことも最近の特徴です。

日本文教出版『中学社会　公民的分野』p148

　…経済のグローバル化…産業構造の変化、…労働者の高齢化などにともなって、雇用や賃金のあり方を見直す企業が増えてきました。…企業は、…パート、アルバイト、派遣社員や契約社員などの非正規雇用を活用するいっぽうで、雇用期間の長い正社員の数をおさえるようになりました。さらに労働者一人一人をその能力や仕事に応じて評価して賃金に反映させるシステム（成果主義）をとるようになりました。労働者の意識も変わり、転職にも抵抗が少なくなり、企業も就業経験が豊かな転職者や外国人労働者を受け入れるなど、雇用の形態は大きく変化してきました（雇用の流動化）。

浜島書店『最新図説　政経』p332

日本の海外生産比率と対外直接投資

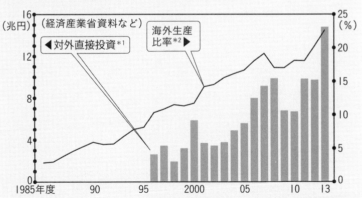

*1　海外に企業をつくったり、外国企業の経営権を取得したりすること
*2　〜93年度現地法人売上高÷国内法人売上高×100(製造業)94年度〜現地法人売上高÷(現地＋国内)法人売上高×100(製造業)

■終身雇用・年功序列・内部昇進の変化

　人口構造が変わり、だれもが、係長から課長、部長へと出世するモデルが成り立たなくなりました。上の世代が多すぎ、管理職だらけになってしまったのです。中高年に実際の生産性より高い賃金を払う年功序列の賃金モデルも、低賃金で働いてくれる若年層が激減したために、支えきれなくなりました。その結果、勤続年数ではなく、成果に基づく年俸制を採用する会社も増えました。

実教出版『2015　ズームアップ現代社会資料』p218

5　年俸制

●企業規模別比較

『厚生労働白書』

解説　年齢や勤続年数が長くなるほど賃金が上昇する年功序列賃金にかわり、仕事に対する報酬を年単位で決定する年俸制を導入する企業が増加し、特に大企業や外資系に多い。

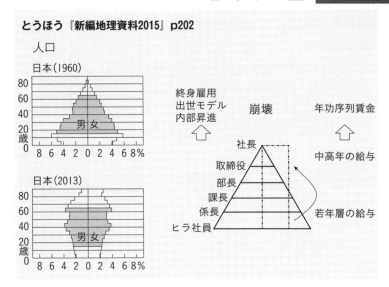

■株式持ち合い・メインバンク制の変化

清水書院『政治・経済資料集2015』p230

　6大企業集団の崩壊…

　戦後、日本の企業集団は旧財閥銀行である三菱・三井・住友・富士（戦前は安田）と戦後に台頭した第一勧銀・三和の6つの銀行が企業集団の中核となってきた。しかし、…バブルの崩壊以後、これまで企業集団内で行われてきた系列融資の構造が行き詰まり、企業集団の再編がはじまった。

　大企業を中心に、メインバンクからの融資に頼るのではなく、株式・社債による資金調達にシフトしてきました。企業や銀行が持ち合っていた株を手放した結果、外国人投資家が、株式市場の中心になりました。今や日本企業の株式の売買高の6〜7割は、外国人投資家が占めています。その結果、株式の比率から見ると、「外国人のもの」といってよい

企業は、東証一部だけでも100社をはるかに超えています。

当然の結果として、経営も外国型になります。「OJTや根回し」ではなく、「結論を先に言え」の世界です。

■企業別労働組合の変化

経営の合理化が要求されるようになると、人件費をカットするために、正規雇用の社員（正社員）が減り、非正規労働者（派遣社員、パート、バイト）が増えました。非正規労働者の割合はすでに3分の1を超えています。正社員のために「企業特有の特殊技能」を残しつつ、「一般・汎用技能」があれば足りる仕事を非正規の従業員に任せている構図です。「一般的・汎用技能」を持つ非正規労働者の場合、従来の「企業特有の特殊技能」集団である労働組合に入っても意味はありません。労働組合組織率は低下する一方になります。

浜島書店『新しい公民』p98、100

❹雇用形態別の雇用者数の推移

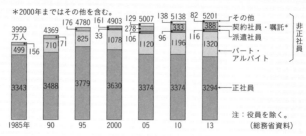

❺労働組合の組織率の推移

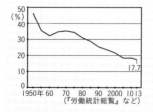

プラス　若者の組合離れ、第3次産業（小売業・サービス業など。小規模で組合組織率が低い企業が多い）の増加などで組織率が下がっています。

このように日本型雇用システムは様変わりしつつあります。しかし、正規雇用と非正規雇用の賃金格差、「同一労働・同一賃金」の原則が守られないケースなど、未解決の問題も残されています。

⑦社会のいろいろなところにあるナッシュ均衡

ナッシュ均衡は、「相手の戦略に対して、お互いに最良の行動」をし、「利己的・合理的に行動した結果、社会全体として望ましくない」状態ですから、ナッシュ均衡にはまると、抜け出すことができません。参加人数が増えれば増えるほど、その傾向は強まります。

私たちの職場や、属している社会集団の中にも、ナッシュ均衡の例が見られます。

		Bさん (B社)	
長時間労働		定時	残業
Aさん (A社) 定時	○ ○		× ◎
残業	◎ ×		△ △

たとえば、会社の残業・長時間労働です。定時で帰る状態が、雇用者（会社）にとっても、労働者（被雇用者）にとっても最良ですが、日本の場合、なかなか長時間労働が減りません。

もちろん、残業代というインセンティブ（誘因）もあるのですが、それよりも相手（周りの人、上司）がいると、帰るという選択が取れなくなる……というのが実態です。Aさん、Bさん、Cさん……と、参加するプレイヤーが多くなればなるほど、身動きが取れなくなってしまいます。

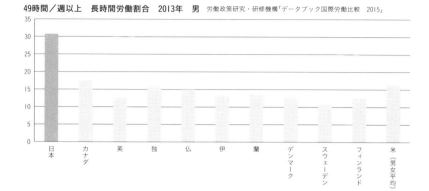

49時間／週以上 長時間労働割合 2013年 男　労働政策研究・研修機構「データブック国際労働比較 2015」

内閣府「ワーク・ライフ・バランスに関する意識調査」2014年

・労働時間が長い人は、上司が残業している人に対してポジティブなイメージを持っていると感じている。上司の意識をどう感じているかと本人の長時間労働との関連が推察できる。

・有給休暇の取得率が低い人は、上司が有給休暇取得者に対しネガティブなイメージを持っているだろうと感じており、上司の意識と本人の有給休暇取得との関連が推察できる。

・労働時間の長い人ほど、職場の雰囲気について、「仕事の手順などは自分で工夫しやすい」「仕事が終われば周りの人が残っていても退社しやすい」と回答した人が少ない。

「日本では、なぜ「長時間労働」がはびこるのか　欧州赴任中は早く帰宅、帰国後は残業漬け」東洋経済オンライン　2015年04月19日

　早稲田大学の黒田祥子教授と慶応義塾大学の山本勲教授が欧州への転勤者を対象に行った調査によれば、職場環境が変わることで同一個人でも働き方が大きく変わるという。日本で長時間働いていた人でも、欧州赴任後は労働時間が減少し、有給休暇の取得日数は大幅に増加したのだ。

「日本の企業には、欧米のようなジョブディスクリプション（職務ごとに求められる業務内容の記述）がない。一人ひとりの業務範囲は不明瞭で権限も明確でなく、頑張る人ほど仕事が集中しやすい傾向にある」（黒田教授）。その人が生産性の高い仕事をしているかどうかを評価するシステムもなく、「頑張り」の度合いで評価が決まる。

日本人だから、外国人だから…という違いではないのです。

withnews 2016年12月31日 7時0分

「フィンランド人が日本でCEOやってみたら…深夜の対応が「習慣化」、下請けにイライラ！あれ？」

アンティ・ソンニネンさん（33）は来日当時、日本の長時間労働に対して驚きを隠せませんでした。それから4年。日本で働くうちに、仕事へのスタンスが変化していることに気がつきました。

ソンニネンさん自身も、たとえ深夜に顧客からメールが来ても、翌朝のミーティングまでに確認・理解しておく「習慣」がついた他、客からの突然の問い合わせに対応するため、なかなか休みを取ろうとしない日本人の気持ちが分かるようになったといいます。

フィンランドでは1日8時間、週40時間労働が基本。労働政策研究・研修機構の2014年の調査では、週49時間以上働く長時間労働者の割合は、日本の21.3%に対して、フィンランドでは7.9%でした。ただ、日本で働くソンニネンさんにとっては遠い国の話のようです。現在は週50時間ほど働いていますが、イベントの2カ月前になるとぐっと増え、週60〜70時間（週休2日で1日12〜14時間労働）になります。

「週40時間労働が普通だと思っていましたが、ちょっと分からなくなってきています。日本の企業がお客さんである以上、自分も日本

人のような働き方になってしまう」と話します。

　学校でも同じです。長時間かつ、休養日のない部活動です。文科省は、部活動について、次のような報告を出しています。

文部科学省「運動部活動の在り方に関する調査研究報告書」1997年
　・中学校は週に2日以上の休養日を
　・高校は週に1日以上の休養日を
　・長期休業中はまとまった休養日を
　・平日は2〜3時間まで、土日は3〜4時間まで

度を超える部活動		B校 (B部活)			
		休養		朝練	
A校 (A部活)	休養	○	○	×	◎
	朝練	◎	×	△	△

　しかし、実態は、ますます過熱しています。「自校（自分の所属している部活動）だけが休養をとると、他校が有利になる」……お互いにこう考えると、過剰な練習をやめられません。会社の残業と同じように、部活動数や、学校数など、プレイヤーの数が多くなればなるほど、動きが取れなくなっていきます。

　その結果、本業の勉強に影響するほど疲れが蓄積し、とうとう、長野県では県教委が指導に乗り出すことになりました。

「朝練廃止　長野の模索」読売中高生新聞　2015年10月1日
　朝練を原則廃止——。昨年2月、長野県教委が中学校向けに出した異例の指針は、全国の教育関係者に波紋を呼んだ。…長野県教委

第4章　ゲーム理論　265

によると、今年3月時点で朝の部活動を原則行わない学校は76%と、半年前の4倍となった。…2013年の県調査では97%の学校が朝練を行い、28%は放課後も含めた練習が3～5時間に及んでいた。…一方で文部科学省が同年に行った調査では、家庭で2時間以上勉強する生徒は全国平均より少なく、睡眠時間も短い傾向にあった。県教委は「生活や健康面の弊害も考慮した」と事実上の規制に踏み切ったのだ。

　このように、社会に定着した行動は、ナッシュ均衡になっている可能性が高いのです。そうすると、1人だけ違った行動をとるのは難しくなります。ナッシュ均衡となっている行動に対して、正義感や倫理観などの観点から変革を試みても、実際にそれを変えるのは極めて難しいことがわかります。多くの人にとっては現状を維持する方が得だからです。

　さまざまな組織の閉鎖的な運営体質から、非民主的な国家の政治まで、みんなが「これはおかしい」と思っている問題があります。しかし、それがあたかも「そんなものはない」ような雰囲気になってしまうのは、他のプレイヤーの出方を予想しなければならない状況に内在する論理があるからなのです。

⑧ナッシュ均衡から抜け出す方法

　伝統的経済学は、「自分の利益を追求すれば、皆ハッピー」の世界でした。しかし、ゲーム理論の世界では「利己心を追求すれば、皆アンハッピー」になってしまいます。実際の社会の生活では、スミスが述べた「利己心に基づき自己の利益を最大化すれば、社会全体の利益が増進する」という状況よりも、むしろそうならないことの方が多いのです。

　囚人のジレンマ的状況を解決する方法は、「協調」です。目標を設けたり、ペナルティーやインセンティブを設けたりといった、共通のルール作りが何よりも必要になります。

育鵬社『新しいみんなの公民』p121

　アダム・スミス…は『国富論』(1776年)で、多数の人々の市場での自由な取り引きこそが、無駄のない効率的生産を実現し、すべての人々を豊かにすると主張しました。そして、社会の調和は、…市場…「(神の)見えざる手」によってもたらされると説きました。

　ただしスミスが、個人の利己的な経済行動を無条件に称賛したわけではありません。彼は『道徳感情論』(1759年)の中で「共感」…社会の人々が、おたがいの喜びや悲しみといった感情を理解しあうことにより、社会を形づくるはたらき…を強調しています。スミスは「共感」を備えた個人の経済的利益の追求を肯定したといえるでしょう。

神取道宏『ミクロ経済学の力』日本評論社 (2015)

2種類の市場

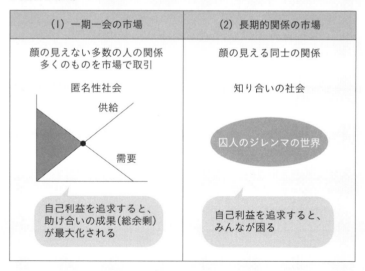

第4章　ゲーム理論　267

「自己利益」を追求すると「みんながアンハッピー」になる世界を変えるには、「口約束」ではだめです。「自己の利益を最大化しよう」とするインセンティブ（誘因）からは逃れられません。恋人同士の2人の約束ならともかく、多数のプレイヤーが参加する環境市場や、資源市場では、「口約束」自体が効力を持ちません。

「全体のためによいことをしようとしても、そうすると自分にコスト（負荷）がかかる」状態では、個々に任せていては絶対に解決できません。参加人数が多くなればなるほど、不可能になります。

　そうならないためには、その誘因を上回る誘因（インセンティブ）を用意することです。つまり裏切ると損をするという罰則（ペナルティー）を設けたり、長期的関係を築く方が得だというインセンティブを設けたりすることです。

「長時間労働見直す企業」読売新聞　2017年1月12日

　味の素は2020年から、全職場で1日の労働時間を7時間に縮める方針だ。今年4月からは定時の就業時間を20分早める。… ITサービス大手「SCSK」は、月平均の残業時間を11年度の27.8時間から15年度に18時間まで減らす一方、営業利益を169億円から317億円に増やした。勤務のメリハリがついて社員のやる気が高まり、ミスも減ったという。広報担当者は「残業している人に対する意識が『頑張っている』から『効率が悪い』に変わった」と分析する。

「はるやまが『ノー残業手当』導入　4月から、健康配慮し業務効率化」山陽新聞デジタル　1月12日

長時間労働を是正しようと、はるやまホールディングス（HD、岡山市北区表町）は、定時に退社する社員に「ノー残業手当」を支給する新制度を4月から導入する。社員の健康に配慮するとともに、業務の効率化を促すのが狙い。…約1200人（課長級以上を除く）が

対象。残業時間ゼロの社員に月額1万5千円を支給する。…手当の総額は年間1億8千万円を見込む。両社の社員1人当たりの平均残業時間は月10時間半で、制度導入により残業代を年間8千万円圧縮できるとみている。

　しかし、ゲームに参加していない消費者を含めて望ましい状態になっているかどうかは別問題です。消費者の利益も考慮しつつ、寡占市場のように「見えざる手」の届かない部分に介入する制度の設計は、政府の仕事の1つになります。

　フランスでは、2017年1月1日より、勤務時間外の仕事のメールを見なくても良いという法律が施行されました。従業員50人超の企業は、従業員が業務メールを送受信してはならない時間帯を明記する行動規範の策定が義務付けられます。フランスの法定労働時間は、週35時間です（それでも日本より経済成長し、1人当たりGDPは、日本より上です）。

第5章　市場の失敗と政府介入の必要性

　ここまで見てきたように、市場は、「見えざる手」によって動き、う
まくいけば利益は最大化されますが、逆にうまくいかない場合もたくさ
んあります。これを「市場の失敗」といいます。その場合は「見える
手」、つまり、政府による市場への介入が必要になります。

とうほう『政治・経済資料2015』p206

マンキュー10大原理　その7

⑦政府は市場のもたらす成果を改善できることもある

「市場の失敗」に対しては、政府は効率と公平を推進するために介
入することができる。ただし、政府の介入は全てうまくいくわけで
はない。

育鵬社『新しいみんなの公民』p136

　市場経済は、市場のはたらきによって成り立っています。しかし、
それだけで望ましい結果が達成できるわけではありません。市場の
はたらきには限界があり、市場で購入できる財やサービス（私的財）
の消費だけから、生活の豊かさが得られるわけではありません。

　例えば、道路や公園、公衆衛生や上下水道、警察や消防など、
人々が共同で使用できる財やサービスは、一人ひとりの個人が希望
して購入できるものではなく、一人ひとりから料金を徴収すること
も困難です。…公共財である…施設を一般に社会資本とよびます。

このような財やサービスは私企業によっては供給されません。…社会の基盤づくりのための活動を行うのも、政府の重要な仕事の一つです。

東京書籍『政治・経済』p123-125

市場の失敗

市場は必ずしも万能ではない。競争の状態や財・サービスの性格などにより、市場メカニズムがうまく働かない場合もある。このようなケースを一般に市場の失敗（市場の限界）という。市場の失敗はつぎのような場合に生じる。

a 競争の不完全性

b 情報の非対称性

c 外部経済と外部不経済

…市場の失敗が起こると消費者にとって不利益となる。市場メカニズムをうまく働かせるためには、市場の失敗をうまく是正する政策や制度をどう整えていくかが重要になる。

市場をうまく機能させるため、そして市場のしくみを補完するために、政府の役割が必要なのです。

市場の失敗には、次のような種類があります。

浜島書店『最新図説　政経』p196

市場メカニズムが機能しない	寡占・独占	市場が寡占化・独占化されると、生産者は不利益を被り、資源の最適な配分がされない
	公益事業	初期の設備投資に大きな費用がかかる電気、ガス、水道などの公益事業は、規模の経済性が働き、独占になりやすい

第5章　市場の失敗と政府介入の必要性　271

	情報の非対称性	経済主体の間で、持っている情報の量・質に違いがあること
外部性の存在（市場メカニズムは機能）	外部経済	ある経済主体の活動が、市場を通さずに他の経済主体に利益を与えること
	外部不経済	ある経済主体の活動が、市場を通さずに他の経済主体に不利益を与えること
市場が存在しない	公共財の供給	公共財は、お金を払っていない人を排除することが難しく、利益が出ないため、民間企業では供給されにくい

　それぞれについて、なぜ、政府の介入が必要で、どのような方法で介入がなされるのか見ていきます。

　ただし、マンキューが「改善できることもある」と書いたように、政府の介入によって必ず「改善できる」わけではありません。公共政策には、「政治」というプロセスが必要です。時間がかかるのはもちろん、なにより政治家はそれぞれの利害関係者の代表です。一部の利益代表の声に左右され、十分な情報がない中で判断されることもあります。この結果、生じるのが「政府の失敗」です。

　では、政府の必要性と、政府の失敗について見ていきましょう。

1　市場メカニズムが機能しない場合

①寡占・独占の弊害とリニエンシー制度

山川出版『現代社会』p76
　市場の寡占化
　…現実には、一部の大企業が特定の産業の生産や販売の大半を占めることがある。これを寡占または独占と呼ぶ。産業が寡占状態になると、企業が…価格や数量についての協定（カルテル）を結ぶな

どの方法で競争を制限し、利潤を確保するのが容易となる。こうした行為は企業の利潤を増やすが、消費者に価格上昇の負担を負わせているのみならず、社会全体にも悪影響を及ぼす。なぜなら、財・サービスの価格が上昇する背後で、人々が消費できる財・サービスの量が減るからである。

この、寡占・独占による弊害は、これまで見てきたとおりです。市場均衡価格を上回る価格によって、本来消費できるはずの財・サービスの量が減り、市場全体の総余剰が減ります（p191）。

そこで、政府は、独占禁止法で独占を禁止し、この法律の目的を達成するために公正取引委員会を置きます。

第一学習社『最新 政治・経済資料集　新版2015』p205

「公正取引委員会の機能」

　…その役目は、独占禁止法の目的を実現することである。…公正取引委員会は、違法行為を行った企業に罰金を科す他に、違法行為によって得た経済的利益を徴収する「課徴金制度」がある。

　課徴金減免制度（引用者注：リニエンシー制度）とは、事業者がみずから関与したカルテルを公正取引委員会に報告した場合に、課徴金が減免される制度である。2006年から導入されている。

公正取引委員会は、違法なカルテル行為を摘発しています。その際に使われているのがゲーム理論です。「囚人のジレンマ」を意図的に作り出し、違法行為を摘発します。違法行為を行った業者自らが、「自白」せざるを得ない状況に追い込むのです。これをリニエンシー制度（課徴金減免制度）といいます。

これは、違法カルテルを行ったことを、自ら申告すれば、有利に取り計らうという制度です。公正取引委員会の調査前に「談合やカルテルに

参加した」と自己申告すれば、課徴金が全額免除され、刑事告発もされません。2番目の申告者は課徴金の50％、3番目の申告者は30％が免除され、5番目までが優遇されます。違反申告の報告書は、順番がわかるように、FAXでのみ受け付けられています。

リニエンシー制度

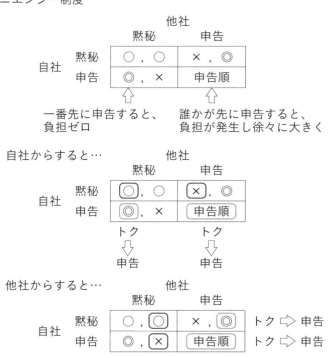

これは、企業にとってはきわめて大きな効果のある制度です。「違法談合をしてカルテルを結んだはいいが、常に疑心暗鬼にならざるを得ない」からです。「相手を裏切らないと損」という状態におかれ続けます。

「5社に課徴金　計66億円」日本経済新聞　2016年3月30日

公正取引委員会は、29日、テレビやスマートフォンなどのデジタル機器の部品に使われる電子部品「コンデンサー」の販売で価格カルテルを結んだのは独禁法違反（不当な取引制限）だとして、ニチコンなどメーカー5社に計66億9796万円の課徴金納付を命じた。…日立エーアイシー…とビシェイポリテック…もカルテルに加わったが、違反を自主申告する課徴金減免制度（リーニエンシー）対象となり免除された。

このリニエンシー制度は、世界中で確実に成果を上げています。

独禁当局が課した制裁金 2014年　億ドル　アレン＆オベリイ法律事務所推計

EUの制裁金が突出して大きいのは、制裁金額を決めるEUの裁量権が大きいからです。日本も政府が裁量権を拡大し、制裁金の額を大きくする予定です。

「課徴金　調査協力で軽く　独禁法違反　裁量制に転換　早期解明へ欧米と足なみ」日本経済新聞　2016年1月6日

第5章　市場の失敗と政府介入の必要性　275

　公正取引委員会は独占禁止法に違反した企業への課徴金制度を見直す。…新たな仕組みは「裁量型課徴金」と呼ばれるもの。…当局の判断で課徴金額を変えられる…。…参考にするのは欧州連合（EU）の制度だ。EUは違反行為をした企業の全世界の連結売上高の1割を上限として、当局の判断で金額を決める仕組みを採る。…現在主要国の中で定額型の課徴金制度を採っているのは日本のみ。…本格調査の開始後に公取委に協力をしても（引用者注：課徴金の）金額は変わらないことから、企業側が積極的に協力する理由が乏しかった。

②情報の非対称性

　東芝の不正経理問題、フォルクス・ワーゲン（VW）の不正排ガス問題、マンションのくい打ち偽装問題、東洋ゴム子会社の「免震ゴム」の不正問題……近年、数々の大企業の不祥事が露見しました。これらの不祥事は「売り手は商品について十分な情報を持っていますが、買い手は十分に持っていない」という状況に起因するものです。これを情報の非対称性といいます。

育鵬社『新しいみんなの公民』p112

　私たちは商品を買うときに、自分の意思と判断によって、何をどれくらい買うのかを決めます。その際に…広告も、商品を知るための重要な情報源となります。しかし、生産者や販売業者が提供する財やサービスについて、消費者には必ずしもじゅうぶんな知識があるわけではありません。…消費者がそれを知るのは困難です。

とうほう『テーマ別資料　政治・経済2015』p143

　食品表示偽装

　2013年10月、関西の名門ホテルが、直営のレストランで食材を誤

表示していたと公表した。以後、全国の有名ホテルや百貨店などで次々と偽装表示が明らかになった。…食品表示については、JAS法により厳格に定められている。しかし、外食は、適用外となっている。取り締まりが緩い。

帝国書院『アクセス現代社会 2015』p183

　光学機器や医療機器の製造と販売で日本有数の企業であるオリンパスが、十数年にわたって巨額の損失を隠し続けていたことが2011年に明らかに…。…バブル崩壊で巨額の損失…。…長年隠し続けてきた1177億円…。…会計処理上、収支を偽装する粉飾決算を重ねる形で隠し続けてきた。…この巨額損失を処理するために、買収にかかった費用の水増しを行うなどした。粉飾決算はその会社の株主だけでなく、関係するすべての会社や個人をだましたことになり、結果として日本経済全体の信用を失わせることにもなる。

　農作物の肥料や農薬の使用量、食品の添加物、プリンター部品の仕様といった「モノ」についても、鍼灸師の実力、塾の先生の指導力、飲食店の味といった「サービス」についても、情報の非対称性は生じます。その商品の情報を握っているのは、生産者だけです。

　生命保険や自動車保険の場合、売り手（保険会社）が買い手（加入者）の情報を十分に持っていないということもあります。過去の病歴や喫煙・飲酒歴、過去の事故歴や慎重に運転するタイプかどうか……、これらの情報のすべてを保険会社が事前に知ることはできません。

　労働者が労働力を売る場合も同じです。売り手（求職側）は自己の情報を十分に持っていますが、買い手（求人側）にそのすべてはわかりません。

　このように「情報の非対称性」は、すべての取引に内在する本質的なことなのです。

企業（株の売り手）が粉飾決算をしていたら、投資家（株の買い手）には正しい情報を知るすべがありません。内部監査制度や社外取締役制度という企業統治改革は進んではいますが、毎年のように不祥事が明らかになります。プロの公認会計士でさえ見抜けないのですから、個人投資家のようなシロウトにはお手上げです（粉飾を見抜けなかった会計事務所は、行政処分を受けることになりますが……）。

マンションの杭打ち偽装やVWの排ガス不正も、生産者にしかわからない情報です。消費者には知るすべがありません。食品の産地偽装なども同じです。

2016年4月	三菱自動車	軽自動車4車種で、燃費をよくするためにデータを改ざん
4月	大修館	同社の英語教科書を採用した高校に、無償で問題集を提供
5月	スズキ自動車	軽自動車などで、国の定める方法と違うやり方で燃費データを測定
6月9日	神戸製鉄所	グループ会社が、ばね用鋼材で、強度のデータを改ざん

「アジア　ひと未来　異邦人が変える―6―」日本経済新聞　2016年6月12日

2013年、印後発薬大手ランバクシー・ラボラトリーズが米国への5億ドル（540億円）の和解金支払いに追い込まれた医薬品製造不正事件。…治験データの改ざんが次々見つかる。安価な薬を売りさばく経営戦略で品質は後回し。「気付いていても、みな職を失うのを恐れて口をつぐんでいた」身内の暗黙の「ルール」に疑問を差し挟む異端は排斥される。…そこでは供給者の論理が優先され消費者や労働者の利益は二の次…。

山川出版社『詳説　政治・経済』p122

商品に関して持っている情報が、売り手と買い手で差がある場合に、情報の非対称性があるという。…中古車の売買を考えると、売り手は中古車の状態をよく知っているが、買い手は中古車の状態がすぐには分からず（情報の非対称性）、適切な価格づけがおこなえず、良質な商品が市場に供給されにくくなる。

このような、情報の非対称性を抱えた市場を、アカロフは「レモン市場」と表現しました。レモンは皮をむいてみないと、中身の味や品質がわかりません。もしかすると、傷んでいるかもしれません。

数研出版『高等学校 現代社会』p158
　売り手である企業は、買い手である消費者よりもはるかに詳しい商品に関する情報を有している…。このように、経済主体間で保有する情報に差があることを、アメリカの経済学者アカロフは、情報の非対称性とよんだ。このような状態のもとでは、商品の品質を十分知らされていない消費者は高い買値を提示しないため、売り手も価値のある財を売ることができない。結果的に、このような市場では劣悪品ばかりが出回る。このような市場や、消費者が結果的に劣悪品を選択せざるをえなくなることを逆選択という。

とうほう『テーマ別資料 政治・経済2015』p115
情報の非対称性　中古車

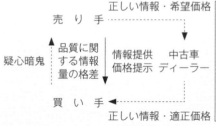

中古車販売の場合、売り手と買い手の間に立って交渉するのは中古車ディーラーの役目だ。このようなことはいろいろな売買の場面で見られる。雇用・金融・企業間取引で、同じ役割を果たしているのは何か考えてみよう。

第5章　市場の失敗と政府介入の必要性　279

　中古車も、外観からだけでは走行距離や事故歴などがわかりません。
　買い手は中身の品質がわからないので、なるべく安く買おうとします。
市場は、安い市場価格に収斂していきます。売り手は、そのような市場
にうんざりし、自分の持っている本当に品質のいいクルマを売りに出さ
なくなります。品質に比べて、安い価格しかつかないからです。
　そうすると、中古車市場には、粗悪品（品質に比べて高い価格になる
車）しか供給されなくなります。粗悪品に当たる確率が多くなると、買
い手はより慎重になるので、市場価格はますます下がります。優良車は
ますます市場に出てこなくなり、これが続くと中古車市場自体が成立し
なくなってしまいます。経済学において、消費者の「選択」という時、
それは「良いもの（goods）」を選ぶことが前提ですが、このように「悪
いものしか選べなくなる」ことを**逆選択**といいます。

■政府による解決

> **山川出版社『詳説　政治・経済』p122〜123**
> 　このような場合、第3者が間に入り、一定程度の品質保証をおこ
> なうなどの措置をとることで情報の非対称性を緩和すると取引が円
> 滑になる。

　そこで、政府が「情報の非対称性」を埋めるように、法律を整えたり、
一定の品質保証を請け負う人に国家資格を与えたりします。

消費者を守る法律の制定	建築基準法、食品衛生法、保険業法など。
消費者に安全や品質を証明するための国家資格・自治体資格・免許の付与	医師、薬剤師、保健師、助産師、保育士、弁護士、建築士、公認会計士、ふぐ調理師、航空機や船舶の操縦免許、車の運転免許など。
契約後にその解除を保証	消費者契約法、特定商取引法（クーリング・オフ）

「契約時確認を義務化＝中古住宅診断で法改正―国交省」時事ドットコム 2016年1月10日

　国土交通省は10日、中古住宅を安心して売買できるよう、専門家が家屋の傷み具合を調べる住宅診断を促進する方針を決めた。売買の仲介契約時に、住宅診断を行うかどうかを売り主や買い主に確認するよう不動産仲介業者に義務付ける。今国会に宅地建物取引業法の改正案を提出、2018年の施行を目指す。

　建築基準法では耐震基準が設定されており、この地震の多い国でも消費者が安心して住居や建物を購入できるようになっています。自動車などの工業製品、医薬品や食品にも厳格な基準が設定されています。

　中古車の走行距離を改竄すれば、詐欺や不正競争防止法違反で逮捕されます。

　それでも不正にメーター戻しをする業者が後を絶たないので、国交省は、車検証の距離表示記載を改めるという対応を取ります。

「中古車 メーター巻き戻し対策…車検証に『最大距離』記載　国交省、来年1月から」毎日新聞　2016年1月13日

　中古車の総走行距離メーターを不正に巻き戻して高く売る詐欺商法を巡り、国土交通省が講じた対策をすり抜ける手口が広がっている。走行距離は車検時に車検証に記載されるが、過去2回の記録しか残らないのを悪用して書類上、巻き戻しの形跡を消す方法だ。…国交省は、メーターを交換するなどして走行距離が以前より短くなった場合には、過去の車検時に記録された最大値を追加記載するよう改める。何度車検を受けても「最大値」は消えず、購入者が不自然な記録に気づきやすい。

第5章　市場の失敗と政府介入の必要性　281

　医師や獣医師、薬剤師などのサービスに関する国家資格も同じです。
資格は、医療の技術や知識があるかどうかを消費者に知らせるものです。
もし誰でも医療行為を行ってよいとなると、闇医者や偽医師が横行し、
消費者の安全や人権が脅かされます。
　また、情報の非対称性があることを前提として、消費者が結んだ契約
そのものも取り消すことができるようになっています。消費者契約法や、
特定商取引法におけるクーリング・オフ制度です。

消費者契約法　第一条
　この法律は、<u>消費者と事業者との間の情報の質及び量並びに交渉
力の格差</u>にかんがみ、事業者の一定の行為により消費者が誤認し、
又は困惑した場合について契約の申込み、又はその承諾の意思表示
を取り消すことができることとする。

帝国書院『中学生の公民』p120-121
　モノやサービスを売買するとき…売り手（企業）…は扱っている
商品についてよく知っているのに対して、買い手が持つ情報は限ら
れています。そのため、購入した商品の質が、消費者の予想よりも
いちじるしく劣っていることがあります。

浜島書店『ニュービジョン現社』p173
　6 消費者契約法
事業者が消費者と結ぶ契約すべてを対象とし、不当な商品・サービ
スの売買契約や、悪質な業者から消費者を保護する法律。クーリン
グ・オフ制度や民法の規定ではこれまで救済できなかったトラブル
の解決をめざす。
契約の取り消しができるケース
・重要事項で、事実と異なる説明をした。

・不確実な事項について、断定的な説明を受けた。

・営業所に監禁された。など

契約条項を無効にできるケース

・いかなる場合でも賠償に応じない、一切責任を負わないなどの一
方的な免責条項。

・法的な違約金を求めるなどの条項。

このようにして、情報の非対称性を少しでも減らすように、政府が介
入するのです。各種の規制は、市場がスムーズに動くことを目的として
いるのです。

■民間による解決

山川出版社『現代社会』p83

お金の貸借は…将来は不確実なため、金融取引にはリスクがつき
ものである。たとえばＡさんが将来失業して住宅ローンの返済が
滞ったり、Ｂ社が事業に失敗した場合、貸し手は損失を被る。こう
した貸倒れの危険を正確に予測することは、借り手が自己の返済能
力や事業内容について重要な情報を隠す恐れもあり、きわめて困難
である。…銀行は貸出の際に借り手の返済能力を厳正に審査する必
要がある…。

もちろん、情報の非対称性を埋める行為は、政府以外でも行われてい
ます。たとえば、銀行という組織は、貸し手（家計）と借り手（企業）
との間の、情報の非対称性を埋めようとする組織です。金融機関が間に
入ることによって、金融（カネの融通）がうまく進むことがわかります。
もしこのような機関がなければ、カネという資源が、行き場を失ってし
まうことになります（ただし、銀行が仲介しても、100％のリスク回避

はできません)。

　政府以外の民間組織、業界団体、制度も、情報の非対称性を埋めているのです。

●シグナリング

　供給者が、需要者に対して、情報を自ら開示することを**シグナリング**と呼びます。たとえば、生産者は、広告やブランド化により、消費者に情報を伝えようとします（p211）。広告に莫大なコストをかけるのは、「信用できます」ということを伝えるシグナリングなのです。

　中古車販売業者は、自動車公正取引協議会や、日本中古自動車販売協会連合会を組織し、それに加盟します。業界独自のルールを作成し、それを守ることで、消費者に信用してもらおうとします。団体に加盟すると、コストがかかります。コストをかけて、信頼性があることを示そうとします。信用を維持しようとしていることが伝わるのです。

　また、メーカーによる「修理・返品・交換保証」も、シグナリングです。これらを行う場合にも多大なコストがかかります。それを「無料」にするということは、逆に「修理や返品」が少ないことを示すのです。

　労働市場では、労働者が生産者、企業が消費者となります。生産者は、消費者にシグナリングをします。学歴、資格、職歴などです。消費者である企業は、その情報をもとに、生産性の高い労働者を見分けようとします。

●スクリーニング

　スクリーニング（選別）とは、消費者が生産者側の情報を集めることです。たとえば、企業は就職する学生に試験を課します。筆記試験、論文試験、面接試験などです。試用期間をもうけることもあります。

　医療保険会社は、新規顧客の過去の通院歴や病歴などを確認します。医師の証明を義務づけることもあります。もしも、そのような条件がな

ければ、病気になってから保険に入った方が、払い込む保険料は少なく、受け取る保険金は多く得ということになります。そうすると、保険には健康な人ではなく病人ばかりが入る保険になってしまいます。保険料金を引き上げるしかなくなり、結果として、健康な人はますます保険に入らなくなるという逆選択が生じてしまいます。保険は「多くの健康な人が加入する」ことによって成り立つ市場です。健康な人が入らなくなれば、市場がなくなってしまうのです。

　自動車保険では、過去の事故歴を等級によって表示します。自動車保険を使わなければ等級が下がり、保険料が安くなります。あるいは運転免許証が「ゴールド免許（無事故無違反）」だと、保険料を安くします。また免責条項（修理費5万円までは、保険加入者が負担するなどの条件）を設け、事故を起こさないように心掛ける人を、選別します。最近では、車自体に、運転の様子を感知するセンサーを付け、安全運転者を見分ける企業もあります。

　これらは、「インセンティブ（誘因）」を利用して、需要側が、供給側が持つ情報の非対称性を埋めようとする試みです。

　しかし、情報の非対称性に起因する犯罪や不祥事は、残念ながらなくなることはありません。

　業界全体に生じるナッシュ均衡、会社内に生じるナッシュ均衡などから抜けだすことは容易ではありません。

●モラル・ハザード

　インセンティブが変わってしまうことで、失敗することもあります。これを「モラル・ハザード」といいます。たとえば、保険に加入したことで、加入者が果たすべき注意を怠ったり，故意に事故を起こしたりするような危険をいいます。

　ある種の保険で、釣り具の補償をめぐって次のようなモラル・ハザードが生じたことがあります。

第5章 市場の失敗と政府介入の必要性 285

Yahoo　ちょこっと保険　Web

　補償開始日が2011年5月1日以降のお申し込み分から、携行品補償において「漁具関連※」を対象外に改定します（2011年5月1日以降に自動継続する契約も同様です）。今回の改定は、携行品の保険金支払いのうち漁具関連のお支払いが突出して多く、お客様の公平性を損ねる結果となったことによります。ちょこっと保険の健全な維持のため、ご理解のほどお願い致します。

　※「漁具関連」とは、釣竿、竿掛け、竿袋、リール、釣具入れ、クーラー、びく、たも網、救命胴衣およびこれらに類似のつり用に設計された用具をいいます。

　釣りを趣味にする人は、何万円、何十万円という釣り具を使用します。保険がなかったときは、高い買い物だから「大事に使おう」というインセンティブが働いていました。しかし、安い保険料・免責料で、釣り具の補償が可能になると、「どうせ保険があるから」と釣り具を乱暴に扱うようになってしまいました。インセンティブが変わってしまったのです。

　政府が行う、皆保険制度も同じです。医療保険や雇用（失業）保険は、できれば使いたくないものです。しかし、年金保険は「使わなきゃ損」になっています。これは本来は、「長生きしたときに収入が少ないであろうリスク」を保障するという目的で導入されたものです。しかし、現在は、長生きが当たり前になり、65歳支給だと男性の平均余命85歳まで、20年の「保険」生活になります。人生の4分の1です。65歳以上の高齢者は、国民の26.7％にも上ります。保険は、多数の人が、一部の「困った状態におかれた人」を助けるものです。「使わなきゃ損」という状態は、「困ったときのためのもの」という保険の本来の役割とは別のものになってしまっています。もはや「保険」の体をなしていません。

後期高齢者の、窓口負担1割の医療保険もそうです。「使わなきゃ損」というインセンティブになっています。市販薬をドラッグストアで購入するより、医者に通った方が安くすむからです。その典型が湿布薬です。市販の湿布薬を買うと全額自己負担ですが、医師が処方すれば、負担は原則1割になります。その結果、使われない湿布薬が、家に山積みになる状態を招いてしまいました（湿布薬については、今後見直しされる予定）。

③情報の非対称性は、取引の本質

　とはいうものの、情報の非対称性、すなわち売り手と買い手の間に「差」があるから、そこに売買（交換）が生じるというケースもあります。「違い」「差」がカネを生むのです。

情報を持つ側	「差」	情報を求める側
弁護士	法律知識	顧客
税理士・会計士	専門知識	顧客
医師	医療知識	患者
各種学校・スクール（先生）	知識	生徒
映画	内容	観客
専門飲食店	プロの味	顧客
本（小説・専門書……）	内容	購入者

　情報の非対称性は、「交換」に内在する本質です。これを埋めようとするときに、経済行為が発生します。

　医者にかかるのは、医者と患者との間に医療知識について情報の非対称性があるからです。弁護士に法律相談をするのは、法に関する知識に、情報の非対称性があるからです。

　学校やカルチャースクール、スポーツクラブに通うのも、先生と生徒の間に、情報の非対称性があるからです。本を読むのも、知らない知識

を得ようとしているからです。このように、差を埋めるためには、時間やカネというコストがかかるのです。

　時間をかければ、医療や法律知識を身に着けることは可能です。ただし、何年もの時間がかかります。機会費用が発生します。機会費用を考慮した結果、対価を払って、少ない時間で情報を得る方を選択するのです。売買・交換は、「情報の非対称性」があるから行われるといっても過言ではありません。

　ネット社会になり、昔に比べればモノやサービスの情報が容易に手に入る時代にはなりました。しかし、どんなに情報量が多くなっても、情報の非対称性を完璧に埋めることは不可能です。飲食店の感想や映画や本のレビューがネット上にあったとしても、結局自分が体験しないことには本当のところはわかりません。学校や会社の様子は入ってみないとわかりません。会社側も、労働者のことは、雇ってみなければわかりません。人生の中で重要な位置を占める結婚という選択も、日本では、3組に1組の割合で解消されています。相手について慎重に見極めたつもりでも、本当はよくわからないのです。あらゆるモノも、自分が使ってみるまで、本当の価値はわかりません。「こんなはずではなかった」という経験は、「モノやサービス」の交換、選択にはつきものです。

　政治の世界も、情報の非対称性だらけです。まず、有権者は、候補者のことをよく知りません。総理や、閣僚や、野党党首クラスならテレビや新聞で見ているものの、自分の選挙区の候補のことなど、実はよくわかりません。しかも新人となると、さっぱりわかりません。

　都道府県議会、区議会、市町村議会選挙になると、テレビでも新聞でも見たことのない人ばかりで、もう、まったくわかりません。結局持っている情報は「何党に所属しているのか」くらいのものです。ところが、党の綱領すら、本当はきちんと読んだことなどありません。

　だから、政治家のスキャンダルがあると、地元の有権者は、「こんなはずではなかった……」となるのです。結局、有権者の持つ情報はごく

一部にすぎず、それを少し知っているか、まあまあ知っているか程度の違いでしかないのです。

　そのような情報の非対称性の中で選ばれた議員も、審議する法案の中身を完全に理解しているわけではありません。第189回通常国会（平成27年1月26日〜9月27日）で、可決・確認・成立した法案は、103本あります。1つ1つの中身について、議員が理解するのは、物理的に不可能です。そこで、議員はそれぞれ、法務委員会、財政金融委員会、厚生労働委員会などの専門委員会に所属し、その中で、関連する法案を審議するのです。法案を審議する方でさえこの状態ですから、テレビのコメンテーターや、マスコミの解説者にも、すべての法案を理解している人などいません。

　結局、民主主義というのは、本質的に「（本当はよくわかっていない）人民の、人民による、人民のための政治」になるのです。その結果、情報の非対称性が二乗、三乗……されて制度ができあがります。

　各々が仕事を持ち、自分の生活を持ち、社会的分業を行っている以上、それでも仕方がありません。現役世代に、政治や法律案を勉強する時間などありません。情報の非対称性があるなかで選んだ議員に任せるしかないのです。

　本当は、本人でさえ、自己に関する情報を完全には持っていません。いま自分に病気があるかどうかさえわかりません。どんなに検査をしても、がん細胞が極小であれば、専門医でも正確な判断を下すことは困難です。完全な情報など、この世には存在しないのです。

2　市場メカニズムは機能している場合

　市場メカニズムが機能している状態で、その市場の外にある別の市場に影響を及ぼす性質を外部性といいます。外部性において、ある市場の働きによって他の市場に良い影響が生じる場合を**外部経済**、逆に悪影響

が生じる場合を**外部不経済**といいます。

①外部経済

とうほう『フォーラム現代社会2015』p182
③外部経済と外部不経済…市場を通さない影響
外部経済─ある経済主体の行動が、市場を通さずに他の経済主体に
プラスの影響を及ぼすこと。（例）Ａさんが自分の家の庭を立派な
日本庭園にしたことによって、その隣の家の人もＡさんの日本庭
園を楽しめるようになった。（借景の例）他に養蜂業者と果樹園経
営者、遊園地と鉄道などが代表例。

　もし新しい駅ができると、近隣の不動産は活発に動き、人の行き来も
多くなり、商店の売り上げがアップします。

②外部不経済

山川出版社『現代社会』p77
　外部不経済
　公害のように、企業などの経済活動が市場を経由しないで直接第
三者に不利益を与えることを外部不経済と呼ぶ。…一例として、企
業の工場排水の川や海へのたれ流しによる水質汚濁を考えてみよう。

■公害や環境破壊への対応

日本文教出版『中学社会　公民的分野』p165

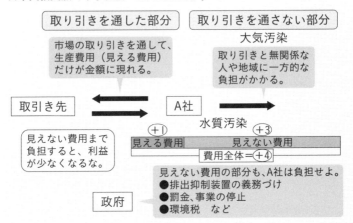

公害の起こるしくみと政府のはたらきについて説明します。

上の図で、A社が供給している商品は、生産費用にもとづいた価格になっています。工場や土地などの固定費用、原材料や電気代、給与などの可変費用です。これら「見える費用（＝私的費用）」は、商品価格に反映されています。この部分は、市場で取り引きされる部分です。

育鵬社『新しいみんなの公民』p146

経済活動が環境を悪化させる公害問題も、市場のはたらきに任せたままでは解決がむずかしい問題のひとつです。例えば、自動車の運転は排ガスによる大気汚染を生み、工場の操業も、大気や河川の汚染、騒音や悪臭を生む原因となります。

しかし、市場経済では、自動車の所有者は自動車を購入して運転をするための費用だけを支払い、企業は自分の工場を操業するための費用だけを支払います。そのため、市場のはたらきだけにまかせ

ていては、公害を抑制することが困難です。

ところが、A社が公害の元となる汚染物質を発生させていた場合、その汚染の処理費用、健康被害にかかる医療費や医薬品などの社会的費用は、A社からは「見えない費用」です。日本の4大公害の1つである水俣病の場合、チッソが実際に負担した対策費用は、年間1億2300万円だったのに対し、被害額は年間126億3100万円にも上りました（地球環境経済研究会編『日本の公害経験』合同出版）。

本来は、そのような「公害対策費」「公害を出さないようなシステム費」も、A社の私的費用の中に含まれていなければならないはずです。ということは、現在、A社が供給している商品は、本来必要な費用が含まれていない価格で安く供給されている商品であり、量的にも過大に供給されているということになります。

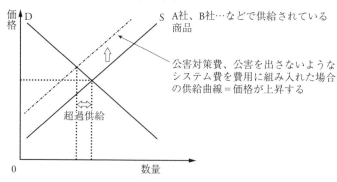

この商品の超過供給部分は、本来は、別な商品や別な企業の生産に回っているはずの資源ということになります。

そこで、政府は、この商品市場の外部にあって、私的費用とはされていなかった外部費用を、企業の私的費用に上乗せする対策をとります。外部不経済の内部化です。公害を発生させている企業に課税や賠償を義務付けるのです。市場メカニズムが働いている場合は、市場メカニズム

を使って解決するのです。

とうほう『政治・経済資料2015』p225
ⓒ 外部不経済の内部化

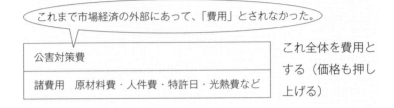

日本では、1973年に、公害の被害者への補償費用を汚染物質の排出度に応じて負担させる「公害健康被害補償法」が成立し、外部不経済を生産活動に組み入れました。

帝国書院『アクセス現代社会 2015』p171
6 外部不経済の内部化
解説 外部不経済とは、ある経済主体の活動が、市場を通さずにほかの経済主体に不利益をもたらすことであり、それを解消するために、公害などを改善するための費用を企業に負担させることを外部不経済の内部化と呼ぶ。

第一学習社『最新 政治・経済資料集 新版2015』p204
…このような、外部不経済を内部化するための課税は、提唱したイギリスの経済学者ピグーにちなんで、「ピグー税」という。

ピグー税は、地球温暖化を防ぐために、化石燃料に対して課税する「炭素税」にも応用されています。化石燃料の消費がおさえられ、地球温暖化を抑制します。日本では、2012年10月に導入されました。

第5章　市場の失敗と政府介入の必要性　293

■交通渋滞への対応

帝国書院『アクセス現代社会 2015』p30

「バスは本数少ないから車で行こう」「自転車だと時間がかかるから、車で行こう」⇒みんなが車を使うようになると？　←「共有地の悲劇」と渋滞

解説　渋滞は「共有地の悲劇」の典型例である。一般道路は誰もが自由に利用できる「共有地」といえる。外出の際には、自家用車のほうが小まわりがきき便利である。しかし、道路を通行できる車の数には限りがある。みんなが自家用車を使えば、渋滞が発生してかえって時間がかかり、結果として全員が不利益をこうむる。市場経済では人々が利益を追求した結果、「見えざる手」に導かれ望ましい社会にいたるとされるが、現実にはかえって社会にとって望ましくない状況におちいることもある。

　道路の渋滞は、労働力や時間という資源を浪費します。道路渋滞で日本人が失っている労働時間は1人当たり年に40時間、日本全体では50億時間、280万人の労働時間に相当し、金額に換算すると11兆円の損失を生んでいます（国交省）。そこで、都心部に入る車に課税すること、すなわち過大となっている供給量を減らすことによって渋滞を回避するという対応があります。これをロードプライシング税といいます。

とうほう『テーマ別資料 政治・経済2015』p115

　道路税の導入

　都市の中心部に入る時に交差点のセンサーが車両を感知。通過する車に自動的に税金をかける。交通量削減が期待できる。（シンガポールの一部の都市で実施されている）

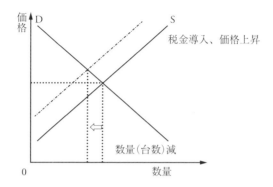

　実際にロードプライシング税を導入している都市では、成果が報告されています。

データ　東京都環境局資料他				
都市	シンガポール	ロンドン	オスロ	ソウル
開始時期	1998年	2003年	1990年	1996年
台数削減効果	15%	乗用車30%	5～10%	13.6%

　首都圏の高速道路、首都高速では、大型車のロードプライシング割引を実施しています。迂回路を選択することで、利用料の割引が受けられるシステムです。

3　市場が存在しない場合——公共財の供給

山川出版社『現代社会』p76

　公共財

　…道路・橋・公園・灯台のような公共財は、対価を払わず利用（ただ乗り）する者を排除するのが困難という性質（非排除性）があるため、民間企業が供給しても利潤を得られない。また公共財はだれかの利用が他の者の利用の妨げにはならず（非競合性）、同一

第 5 章　市場の失敗と政府介入の必要性　295

> の公共財から多くの者が便益を受ける。その巨大な社会的便益にくらべ個人が公共財のために負担したいと思う費用ははるかに小さいため、民間企業に公共財の供給を委ねると、十分な量が供給されなくなる。公共財の供給は…租税等を財源に行う必要がある。

　市場の失敗のうち、市場そのものが成立していないというケースがあります。道路・公園・堤防・警察・国防など、公共性のある財・サービスのことです。これらは**公共財**と呼ばれます。公共財は、民間からは供給されません。利潤が得られなかったり、あるいは最適な量を供給できなかったりするという特性があるからです。

　私的な財・サービスには**排除性**、**競合性**という特徴があります。

　排除性というのは、カネを払った人だけが財・サービスを受け取り、それ以外の人は受け取れないという性質です。たとえば有料 BS 放送は、受信料を払った人だけが見ることができます。暗号（スクランブル）をかけることで、タダで見ようとする人を排除できます。高速道路や大きな遊園地も、料金を払った人だけが利用できます。

　競合性というのは、誰かが買ったら（使ったら）、他の人は買えないという性質です。ケーキを誰かが買ったら、他の人は買えません。レストランで席に座ったら、他の人はそこに座って、食事サービスを受けることができません。

　このように排除性や競合性がある場合のみ、私的な財・サービスは成り立ちます。

　この正反対にあるのが、公共財です。公共財には**非排除性**と**非競合性**があります。

　まず、排除ができません。国防や灯台の場合、「料金を払った人だけ守ってあげる」というわけにはいきません。

　それから競合性もありません。堤防や公園は、A さんが恩恵を受けたら、B さんが受けられないということはありません。道路も街灯も、1

つの財を、多数の人が同時に使用することが可能です。街灯の光量をA
さんが80％浴びたら、隣に並んで歩くBさんは20％しか浴びられない
ということはありません。財の消費量は変わらないのです。

第一学習社『最新 政治・経済資料集　新版2015』

①公共財の供給

　道路・公園・警察・消防などの公共性のある財やサービスは、次
の2つの性質をもつ。

非排除性	対価を支払っていない人（フリーライダー）を排除できないこと。たとえば、家が火事になった場合、料金を支払わないからといって、消火活動を行わないというわけにはいかない。
非競合性	多数の人が同時に共同で使用できなければならないこと。たとえば、自動車が道路を使用しても、それによって他の自動車が道路を使えなくなるというわけではない。

　公共財・サービスは上記のような性質を持つため、企業にとって
は収益性が低いか、収益がまったく得られず、供給しようとしない。
そのため、政府が国民から税金を徴収し、公費によって公共財・サ
ービスを供給・管理している。

　このように、排除ができず、競合がないという財・サービスが、公共
財になります。この公共財が、なぜ、民間によって供給されないのか、
見ていきましょう。

第5章 市場の失敗と政府介入の必要性

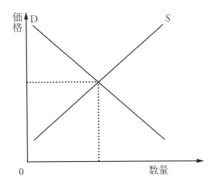

この需給曲線は、私的財の場合、1人1人、1社1社の需要と供給を「横に足した」合計でした（p129、130）。

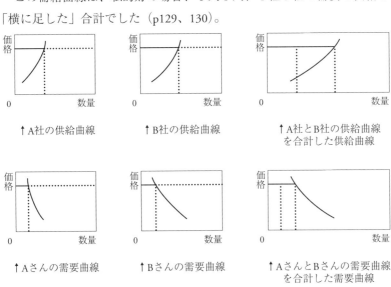

一方、公共財、たとえば、堤防の場合です。堤防に守られている地区に、100軒の家があるとします。堤防は1つですから、供給線はもともと1つです。

次に需要です。堤防の場合、量は1つです。AさんもBさんも、同時

に同じものを消費します。そうすると、需要曲線は、1人1人の「払ってもいい」額を、縦に足し合わせたものになります。

公共財の需要　縦方向に足す

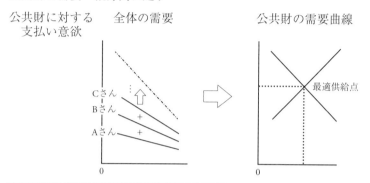

	私的財	公共財
需要曲線	ヨコに足す	タテに足す

　この場合の「額」は、それぞれが主観的に感じる便益の額ということになります。1人1人違うのです。それでも、この堤防の場合、Aさん・Bさん・Cさんの3軒で建設するなら、3軒の話し合いで、なんとか費用を負担できるでしょう。ところが、10軒、100軒、1000軒、10000軒……と、戸数が増えれば増えるほど、合意形成を図るのが難しくなります。

　さらに、数が増えれば増えるほど、「自分は他の人に依存して、できるだけ少ない額を申告しよう」というインセンティブが働きます。「少ない金額で、最大の利益を得よう」というのは、合理的な選択です。かつその額は「自分の申告する額」でいいとなれば、誰もが、本来の便益額よりも、少ない額を申告するのは、止められません。もともと、その「額」自体が、1人1人の主観ですから、客観的な金額など初めからありません。1000人、10000人の規模になれば、匿名性はどんどん高まり

ますから、中には「1円」とか、「0円」という申告も出てきます。これが「フリーライダー、ただ乗り」です。

> **浜島書店『最新図説 政経』p196**
> 公共財とは
>   道路や公園など、非排除性や非競合性の性質をもつ財・サービスは、公共財と呼ばれる。公共財は、費用を負担せずに消費する者（フリーライダー、ただ乗り）が出てくるため、企業による供給は行われにくい。このような財のうち社会に必要なものは、政府が供給する。

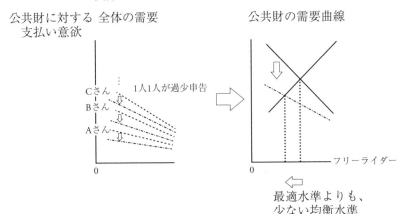

　実際に実現する均衡点は、本来の最適供給点よりも明らかに少ない水準になります。とくに「タダ」で使われてしまっては、供給者にはお手上げです。これが、公共物が、民間企業によっては供給されない理由になります。「必要な人が、必要なだけ購入し、必要なだけ払う」という私的財の市場メカニズムでは、公共財は供給されないことになるのです。

ですから、政府が税金を集めて供給するのです。

4 政府の失敗

　政府が市場介入することによって、市場に望ましい状態を実現できますが、一方で、規制が強くなりすぎ、かえって市場をゆがめる状態も存在します。これを政府の失敗といいます。

清水書院『高等学校　現代政治・経済　最新版』p138-
　…市場の失敗を理由とした政府の介入が、もくろみ通りにいくとはかぎらない。外部性や公共財といった問題への対応、必要な需要・供給構造の計測は困難であり、誤差が大きいため、政府の対応はえてして過大になる。政府の過剰な介入は市場の健全な機能をかえって妨げることがある。また、介入によって特定の企業や政治家・官僚の利益を拡大する…このような問題点は政府の失敗とよばれる。

「岩盤税制　はびこる特権攻防」日本経済新聞　2015年12月29日
　…特定の企業や業界を優遇する政策減税、租税特別措置（租特）は法人税分だけで1.5兆円規模に達する。岩盤税制の象徴だ。
　…農地税制も岩盤の代表格だ。…固定資産税の基礎になる課税評価額は足元で農地は１平方メートル当たり68円、宅地は３万８千円強。523倍の格差がある。放棄地でも安い税金で済むから農地の持ち主は借りたい人がいてもなかなか手放さない。
　…政策面での役割を終えても数十年にわたり延命する優遇措置が多く「岩盤税制」になってしまう。

　たとえば、理容師と美容師の参入規制があります。それぞれ、理容師

第5章　市場の失敗と政府介入の必要性　301

法（1947年）、美容師法（1950年）という、70年近く前に作られた、議員立法です。当時はまだ戦後の混乱期で、青空床屋がいたるところにできてしまい、店同士の争いが絶えなかったため、法律ができました。

　ところが、一度法律ができてしまうと、それぞれ専門学校ができ、業界団体・試験実施団体（役人の天下り先）ができ……と、どんどん既得権益ができてしまい、今度は参入規制を作るよう、政府や国会議員に働きかけることになります。

　1998年には、養成期間を1年から2年に増やし、費用負担を倍増させます。専門学校に入学するには、高卒以上の学歴が必要で、厚生労働省認可の学校に約150万円の費用をかけて通い、理容師が美容師になるには、改めて2年間の時間と費用がかかります。しかも学科は重複内容です。これほど厳格な二制度を維持しているのは、わが国だけです。

　国は、2016年、理美容両方の資格を持つ人の店舗に限り兼業を認めるようになりましたが、美容師49万人、理容師23万人のうち、両資格保持者は、わずか1.2万人です。硬直化した制度により、理容師はなり手が減少し、高齢化が進み、存続さえ懸念されるようになりました。このような状況のもと、厚労省は「改革案」をまとめました。

「理美容師、両方取りやすく＝資格取得で時間短縮─厚労省」時事通信
2016年12月15日

　厚生労働省の有識者検討会は15日、理容師か美容師いずれかの資格を持っていれば、もう一方の資格を取りやすくするとした報告書をまとめた。

　内容が共通する科目を免除するなどして履修時間を1000時間減らし、専門学校などに通う期間を2年から1年に短縮する。年度内に政省令を改正し、早ければ2018年4月から実施する。

　…必修で免除する科目を増やす他、選択科目も時間を短くするなどして、年間で必要な履修時間を現在の2010時間から1020時間に減

らす。

　修業期間も昼間・夜間課程は現在の2年を1年に、通信課程は3年を1年半に短縮する。国家試験でも筆記試験は技術理論のみとする。

　また、他の業界にも、岩盤規制が存在します。

　日本の司法試験は、「技能」検定ではなく、「2000人程度」と、人数を絞るための試験です。その結果、諸外国に比べ、圧倒的に少ない法曹人口となっています。弁護士がいない過疎地域も、全国いたるところにあります。これも、既得権益者による、参入規制の1つです。

　米国の場合、さまざまな実務経験を持つ人たちが、ロースクールに入学・卒業し、いわば「法律判断もできるという運転免許」をもらいます。そのドライバーが優れているかどうかの「質」は、市場が判断します。知的財産権、企業の海外進出に伴う国際的問題、高度医療訴訟、建築訴訟など、それぞれの実務経験のある人たちが、その専門知識を生かして、より質の高いサービスを提供する市場競争を行っています。

　もともと、資格は「情報の非対称性」を埋めるための制度であり、「参入規制」を主張するために利用されるものではありません。日本の場合は、弁護士人数が増えると困る弁護士会が「質の低下の懸念」を叫び、医師会が、医学部増に反対します。生産者余剰が減少することに反対しているのです。規制に依存していて、それを緩和されると困るのは、どの業界でも同じなのです。

*

　さて、ミクロ経済学についての解説はここまでで、いよいよこの後はマクロ経済学の領域になります。マクロ経済学の特徴は、ミクロの「日常生活の常識が通用しない＝地動説が通用しない」世界であるということです。

例1）貿易黒字は儲け、赤字は損ではない。

例2）貿易黒（赤）字は、お金の貸し借りから生じる。

例3）米トランプ大統領が、外国企業に対して米国内投資を要請すればするほど、米の貿易赤字は増え、外国の貿易黒字が増える。

例4）貿易黒字は、不況になれば増える。

例5）国債は「借金」であり、同時に「財産」でもある。

例6）日本が財政的に破たんするかどうかは、現状の経済学では答が出せない。

例7）現状の経済学では、経済成長を実現させる方法はない……。

　これがマクロ経済学＝天動説の一部です。「皆さんの常識＝地動説」は通用しません。**マクロ経済学だけは、「１から勉強しないとわからない」世界なのです。**（米日欧ともに）国政議員の経済認識も、マスコミの認識も誤りである理由がここにあります。

　今まで勉強したミクロ経済学は、マクロ経済学では「新古典派経済学」という分野になります。これらは、マクロ経済学の世界（経済史）では、前半部分の４分の１から５分の１を学んだに過ぎません。

　本書の姉妹編である「中高の教科書でわかる経済学　マクロ篇」では、いよいよ経済学の全体像＝天動説に迫ります。

経済思想と歴史的事象の年表（とうほう『政治・経済資料2015』ほかを参考に作成）

	1500年～1700年代前半 資本主義の萌芽	1700年代後半～1800年代前半 資本主義の成立 －自由な競争－
その時代の歴史的背景と主なできごと	·········· 商業資本主義 ·········· 1453年　オスマン帝国によりビザンツ 　　　　（東ローマ）帝国滅亡 1498年　ヴァスコ＝ダ＝ガマ、 　　　　海路インド到達 1517年　宗教改革始まる 1600年　イギリスが東インド会社設立する 1642年　清教徒革命（イギリス市民革命）がおこる -49年 大航海時代後の商業革命は資本の蓄積を促し、問屋制工業やマニュファクチュアの発達につながった。イギリスでは第一次囲い込みが進行した。	·········· 産業資本主義 ·········· 1770年代　イギリスで産業革命進展 1776年　アメリカ独立宣言 1789年　フランス人権宣言 1830年代　欧米に産業革命 1840年　アヘン戦争 1848年　3月革命（ウィーン、ベルリン） 　　　　↑2月革命（仏） 工場制機械工業の出現。市場での激しい競争。自由な市場に信頼をおき、国家の統制や保護は排除。

経済思想の歴史

⟶ 強い影響を与えた　⟨···⟩ 対立関係

重商主義
トマス＝マン
『外国貿易におけるイギリスの財宝』(1664)

自由放任
レッセフェール

重農主義
ケネー『経済表』(1758)

見えざる手　分業

古典派経済学
アダム＝スミス『国富論』(1776)
マルサス
リカード『経済学および課税の原理』(1817)

自由貿易論

保護貿易論

歴史学派
リスト『経済学の国民的体系』(1841)

*1 **新古典派経済学（ネオクラシカル）**…限界革命による限界効用理論と、一般均衡理論を中心とする考え方
*2 **新しい古典派（ニュー・クラシカル）**…精緻なミクロ分析に基づく考え方。シカゴ学派が中心。
*3 **マネタリズム**…シカゴ学派の一派で、フリードマンが構築した、貨幣数量説を精緻化した考え方。
*4 **ニューケインジアン**…新しい古典派やマネタリズムに対抗して発展した学派で、ミクロ的視点を取り入れ、裁量的な財政・金融政策の有効性を占めそうとする考え方。

1800年代後半〜1900年代前半	1900年代前半〜現代
資本主義の変容 －独占資本の形成－	資本主義の成熟

独占資本主義

1868年	明治維新
1890年代	日本の産業革命始まる
1890年	米、反トラスト法（独禁法）施行
1914年	第一次世界大戦おこる（〜1918）
1917年	ロシア革命おこる

修正資本主義

1929年	世界恐慌始まる
1933年	ヒトラーが政権を得る（独）
	ニューディール政策始まる（米）
1939年	第二次世界大戦おこる（〜1945）
1973年	第一次石油ショック

新自由主義

1991年	ソ連の解体。バブル後の不況（日本）
	1992年 ECがEU（欧州連合、1993年発足）に発展
1999年	欧州通貨統合
2003年	イラク戦争
2007年	サブプライムローン問題発生
2008年	リーマンショック

自由な市場で、強い企業は生産規模を拡大し、弱い競争相手を倒し、市場を支配するようになっていった。独占資本が成立し、強固な生産力を背景に原料と市場を求めて帝国主義制政策を実施した。

世界恐慌は、ニューディールをとおして、政府の市場への積極介入の端緒となった。また、世界恐慌後の不況対策としてのブロック経済や軍事産業の発達は、第二次世界大戦の要因のひとつともなった。このため戦後は、国内的にケインズ政策を採りつつ、自由貿易というスタイルになったが、1970年代以降には、それらの限界も見えてきている。

社会主義思想

マルクス経済学
マルクス『共産党宣言』(1848)『資本論』(1867)
エンゲルス
レーニン『帝国主義論』(1917) ◀ロシア革命

依存効果

制度学派
ガルブレイス

有効需要
乗数効果

新古典派経済学*1

限界革命 ◀限界効用を発見
ジェヴォンズ
ワルラス

ケインズ経済学
ケインズ
『雇用・利子および貨幣の一般理論』(1936)

新自由主義
マネタリズム

現代経済学

ニューケインジアン*4
マンキュー
スティグリッツ
クルーグマン

マネタリズム*3
フリードマン
『資本主義と自由』(1959)

新しい古典派*2
（ニュー・クラシカル）
ルーカス
キドランド
プレスコット

オーストリア学派
メンガー

イノベーション
シュンペーター
『経済発展の理論』(1912)
ハイエク

近代経済学
限界革命以降の、マルクス経済学以外の経済学の総称。

菅原　晃（すがわら・あきら）
1965年生まれ。北海道公立高等学校の教諭。
慶應義塾大学経済学部卒業。玉川大学大学院文学部修士課程（教育学専攻）修了。『高校生からわかるマクロ・ミクロ経済学』（小社）が大きな話題となりベストセラーに。他の著書に『図解　使えるマクロ経済学』『図解　使えるミクロ経済学』（いずれも KADOKAWA／中経出版）がある。2015年、経済教育学会賞（研究部門）受賞。

中高の教科書でわかる経済学　ミクロ篇

2017 年 5 月 20 日　初版印刷
2017 年 5 月 30 日　初版発行

著者　　菅原晃
装丁　　岡本洋平＋坂本弓華（岡本デザイン室）
発行者　小野寺優
発行所　株式会社河出書房新社
東京都渋谷区千駄ヶ谷 2-32-2
電話　　03-3404-1201（営業）　03-3404-8611（編集）
http://www.kawade.co.jp/
組版　　株式会社キャップス
印刷　　株式会社暁印刷
製本　　小泉製本株式会社
落丁・乱丁本はお取り替えいたします。
本書のコピー、スキャン、デジタル化等の無断複製は著作権法上での例外を除き禁じられています。本書を代行業者等の第三者に依頼してスキャンやデジタル化することは、いかなる場合も著作権法違反となります。
Printed in Japan
ISBN978-4-309-24788-5